最後の付き人が見た

渥美清　最後の日々

篠原靖治

祥伝社黄金文庫

夕やけに願いをこめて影ふたつ

（著者所蔵のカバー写真に渥美清が詠《よ》んだ句。左・渥美清、右が著者）

はじめに

忘れられない光景《シーン》があります。

寅さんの、シリーズ第四七作『拝啓車寅次郎様』のロケ現場でのことです。

夕方近くだったでしょうか。

あとワンカットを残して渥美さんは休憩となり、現場から少し離れたところで、体を休めることにしました。

目の前には秋の琵琶《びわ》湖が広がっています。

落ちかかる日差しに染まった、その湖面に目をやりながら、渥美さんが、ポツリと言うのです。

「死ぬのは、いやだねえ」

そこには、映画の寅さんとは違う、素顔の渥美さんがいました。

六六歳。

すでに老境に入って久しい、本名の田所康雄《たどころやすお》というひとりの男です。

渥美さんには、肝臓の持病がありました。

いまにして思えば、それはガンだったわけですが、当時は、そこまで深刻だとは思いもよりませんでした。ただ、芳《かんば》しくない状態が続いているとは思っていました。

それに、渥美さんには、同年代で、同じ肝臓の病気で苦しむ友人がいたのですが、その方が少し前に亡くなったばかりでした。

渥美さんは、わが身と、その友人の死を重ね合わせていたのでしょうか。「死ぬ」という言葉と「いやだ」という言葉が、やけに重い現実感を持って聞こえたものです。

渥美さんが亡くなって、すでに七年。昨年夏には七回忌も終わりました。

でも、私はまだ渥美さんを思い出にはできません。

「シノ、バカだねぇ」

――寅さんのように温《あたた》かく、しみじみとした口調で私に言う、あの甲高《かんだか》い声が、いまでも、ときどき、聞こえてくるような気がするんです。

私は、寅さんの撮影の間、付き人兼、諸々《もろもろ》の雑用係として、亡くなるまでの一四年間、渥美さんに仕《つか》えました。

かぎられた時間ではありましたが、渥美さんという偉大な存在の晩年を、間近に垣間《かいま》見てきました。

その私が、渥美さんのために、何かできることがあるだろうかと考えたとき、ふと「死ぬのはいやだねえ」という、あの渥美さんの言葉が思い浮かんだのです。

渥美さんは、映画の寅さんのように、飄々《ひょうひょう》と、楽天的に晩年を生きたわけではありません。渥美さんの晩年は「老い」や「病《やまい》」との凄絶《せいぜつ》な戦いの日々でした。世のなかの多くの人と同じように「死ぬのは、いやだねえ」と言いながら、やがて力尽き、そのときを迎えたのです。

そうした日々のなかで、渥美さんは「老い」や「病」、あるいは「死の恐怖」とどう立ち向かい、どう理解し、また受け入れていったのでしょうか……。

高齢化にともなって「老後」への関心がますます高まるなか、私は、もし私にできることがあるとすれば、渥美さんの晩節を、ひとりでも多くの人に伝えることではないかと思ったのです。

そして、たとえひとりでも、勇気といえば大げさですが、がんばろう、前を向こうという気持ちになってもらえたなら、私はもちろん、渥美さんにとっても、意義のあることではないかと考えたのです。

「人間、嘆《なげ》いたり、ふてくされたりしちゃいけないね。精一杯生きていれば、年をとったって、それなりに、その人にしかできないことってのがある。それを誰かが真似《まね》したくなることだってある。だから、精一杯生きなきゃいけないんだ」

これも、琵琶湖を眺《なが》めながら聞いた渥美さんの言葉です。

死の予感に怯《おび》え戦《おのの》きながらも、決してくじけない……渥美さんは、真摯《しんし》に老いを全《まっと》うした人でした。私は、その渥美さんの姿を、可能なかぎり、当時に忠実に再現したいと思っています。

寅さんが『とらや』（四〇作目以降は『くるまや』）の茶の間で、おいちゃんやおばちゃん、そしてさくらや博《ひろし》たちを相手に、よく笑い話や、ときに人生訓めいたことを言うように、渥美さんも、そのような座談の名手でした。

私はそんな渥美さんの話を聞き、笑い転《ころ》げたり、しんみりしたり、ガラにもなく、人間って、人生って何だろうとしみじみ考えたりしたものです。そして、いつの頃からか、ただ笑ったりしんみりしたりだけではもったいないからと、それらひとつひとつをメモに残すようになりました。

今回は、そのメモを元にして記憶をたどり、私が垣間見た、渥美さんの晩年を語りたいと思っています。

そう、一四年間で何度聞かされたかわからない「シノ、バカだねぇ」という、あの甲高い声に励まされながらです。

篠《しの》原《はら》靖《せい》治《じ》

目次

第二章　わが人生の師

──人として役者として、数え切れない「教え」があった

第三章

第一章

オレはガンだからね

——私がその病名を告げられた日

●ファンに手を振ってくれない寅さん

「何様や！」

黒山の人だかりのなかから、尖《とが》った罵声《ばせい》が聞こえました。

一九九五年秋・神戸《こうべ》市長田《ながた》区——。遺作となった『寅次郎 紅《くれない》の花』のロケ中のことです。

撮影の様子を一目見ようとつめかけた人たちが、あちこちから「寅さーん！」「寅さーん！」と、渥美さんに声をかけます。でも、渥美さんはただ黙って下を向いているだけで、その声援に応《こた》えようとも、手を振ろうともしません。

映画のなかの、気さくで、庶民の代表のような寅さんとは、あまりにかけ離れた態度でした。

その渥美さんの態度に、多くのファンが失望し、苛立《いらだ》ちを募《つの》らせたのです。

ましてや、神戸はあの大震災の被災地です。

復興が進んでいたとはいえ、当時はまだ、心に痛手を負い、立ち直れない人たちがたくさんいました。この映画にも、そうした人たちに、がんばってほしい、元気を出してほしいという願いが込められています。

もし、このときの渥美さんが、寅さんそのままに心根のやさしい人だったら、「たいへんだったね」、「がんばってよ」と、ひと声、励ましの言葉をかけてもよかったはずです。いや、むしろ、そうすべきだったでしょう。

実際、私の耳には「天皇陛下も、総理大臣も『がんばれ』と言ってくれた。なのに、渥美清のあの態度はなんや!」という怒りの声も聞こえました。

おっしゃるとおりだったと思います。

あのときの渥美さんの態度は、どう批判されても仕方のないものでした。

でも、これだけはわかってください。

あのとき、そのような態度しか取れないことに、最も苛立ち、悲しい思いをしていたのは、実は、当の渥美さんなのです。

渥美さんは、もともと、ファンをとても大事にする人です。どんなロケ先でも「寅さん」と声をかけられれば、必ず「あいよ」と笑って答えます。

とりわけ、病気の人や、災害などで不幸な目にあった人、あるいはお年寄りなど社会的に立場の弱い人には、やさしく、心のこもった接し方をする人でした。

「心や体に弱いところのある人間は、他人の痛みがわかる。だからいい」

渥美さんがよく言っていた言葉です。

●「弱者」を誰よりもいたわる人

いつだったか、山奥の小さな村でロケをしたときのことです。

映画を見ようとすれば、バスに何時間か揺られて、町まで出かけなければならないという、さびれた過疎《かそ》の村でした。

それでも、物珍しさも手伝ってか、たくさんの見物人が集まり、そのなかに、ひとりのおばあさんがいました。

そのおばあさんが、渥美さんに聞くんです。

「このテレビは、いつやるのかね？」

おばあさんは、映画の撮影をテレビの撮影と誤解していたのです。

この村の環境下では無理のないことでした。きっと、おばあさんは、もう何年も、いや何十年も、映画なんて見たことがなかったでしょう。映画は、上映から何年か経《た》って、テレビに映ったのを見るくらいしか機会はなかったはずです。それでも、おばあさんの疑問には、「おばあさん、これはテレビではなく、映画の撮影なんだよ」と、ひと言説明すればすむ話です。

でも、渥美さんは違いました。

「そうかい、テレビかい。きっと何年か経ったら見られるよ。だから、おばあちゃんも、そのときまで長生きしな」

あのときの、おばあさんの、うれしそうな顔が忘れられません。

「弱い立場の人」という点では、もうひとつ思い出したことがあります。

渥美さんは、ロケの見物人のなかに、お腹の大きい女性がいると、必ずと言っていいほど「シノ、ちょっと、あの女の人呼んできておくれよ」と私に言ったものです。

それで、私が呼んでくると、その女性をそばの椅子《いす》に座らせて、「いつ生まれるの？」「男の子がいい？　それとも女の子かい？」と質問するんです。

女性が答えるのを、うんうん、と聞きながら、渥美さんはこう言います。

「そうかい、でもね、元気に生まれてくるなら、男でも女でもどっちでもいいんじゃないかい。赤ん坊は、オギャアオギャアと、元気に生まれてくるのが一番なんだと思うよ」

それから「お腹、さわってもいいかい？」と聞いて、女性が頷《うなず》くと「いい子に生まれてくるんだよ」と、お腹の中の赤ちゃんに語りかけるように言ったものです。

もし、となりにその女性のご主人がいれば、

「奥さんを大事にしてあげなよ」

と、声をかけるのを忘れませんでした。

聞くところによると、昔、渥美さんがあれこれ相談に乗ってあげていた若いカップルがいたそうです。で、その女性が妊娠したんですが、いろんな事情から、産もうか産むまいか悩んでいるうちに、もともと体の弱かったその女性は亡くなってしまいました。

渥美さんは、その女性の悲しみや無念さが忘れられなかったのでしょうか。

●体力と気力が失われたとき、残ったもの

元来、渥美さんは、そのように気さくで、やさしい心配りをする人なんです。

むろん、神戸のときだって、渥美さんは、ファンの声援に応えたい、できるなら「がんばってよ」と、励ましの声のひとつもかけてあげたいと思っていたでしょう。なのに、実際は、手を振ることさえできなかった……。

私の肩につかまって、頼りない足取りで歩きながら、渥美さんはポツリと言いました。

「かんべんしてくれや……」

聞き取るのがやっとという感じの、か細い、力のない声でした。

渥美さんは、この後、一年足らずのうちに亡くなります。

それを思えば、あの頃、よくあの体で、撮影を続けられたものだというのが、私の正直な感想です。

渥美さんを蝕《むしば》んでいた病は、渥美さんの体から、体力だけでなく、気力まで奪い去ろうとしていたのです。

でなければ「かんべんしてくれや」などと弱音を吐《は》く人ではありません。辛《つら》ければ辛いほど、かえって明るく元気にふるまうというのが、本来の渥美さんなんです。

ふだんなら、集まってくれたファンに手も振るし、声もかける、これという人がいれば、話し込むこともあるでしょう。渥美さんは、それをおろそかにする人ではないし、そうすることが自分の務めだと、しっかり自覚している人でした。

でも、体力が衰え、気力が萎《な》え、何かひとつのことしかできなかったとすれば、やはり他のすべてのことを犠牲にして、その結果、どれだけの批判や非難を浴びようとも、自分は寅さんを演じ続けるしかない……あの頃の渥美さんは、そう考えていたのではないでしょうか。

なぜなら、全国のファンの方が、寅さんを待っていてくれるからです。

渥美さんにとっては、一日一日が、タイトロープでした。

わずかに残った体力と気力を、体中からかき集め、搾《しぼ》り出すようにして、渥美さんは寅さんの撮影に臨んでいたのです。渥美さんをかろうじて支えていたのは、使命感とも少し違う、寅さんと、自らの役者人生に対するこだわり、執念のようなものだったでしょう。

渥美さんが亡くなった後、松竹《しょうちく》・大船《おおふな》撮影所で『渥美清さんとお別れする会』が行なわれたとき、祭壇には、松竹宣伝部の担当者が用意した遺影が飾られていました。

第四四作『寅次郎の告白』（一九九一年一二月封切）のときのスチール写真です。

私などには、渥美さんの人柄を髣髴《ほうふつ》とさせるいい写真としか見えないのですが、見る人が見れば違います。

ある肝臓の権威がその写真を見たところ、当時すでに、渥美さんの首筋のあたりに、はっきりと肝臓ガンの兆候が出ていたそうです。

そして、その権威は「この状態で、このあと四本も映画を撮ったなんて信じられない」と驚いたそうです。

まさに「執念」でした。

寅さんとして、人を笑わせよう笑わせようとする一方で、渥美さんは、ずっと、ひとり、そんなにも長い間、辛い戦いを続けていたのです。あの神戸ロケのとき「かんべんしてくれや……」という言葉の裏に、渥美さんがどれほどの思いを忍ばせていたかと想像すると、本当に涙が出ます。

●飛べないスーパーマン

神戸で怒り心頭だった人たちにも、それからしばらくして、誤解が解けるときがきました。

ＮＨＫの『クローズアップ現代』という番組が、第四八作を撮り続ける渥美さんを、ドキュメンタリーで紹介したからです。

そのなかで、渥美さんはこんな発言をしています。

「スーパーマンは、子供たちから『飛べ飛べ、早く飛べ』って言われたってことだけど、スーパーマンは、やっぱり二本の足で地面に立ってちゃいけないんだよね。だから、寅さんも黙ってちゃいけないんでしょう。二四時間、手を振ってなきゃね。ご苦労さんなこったね。『飛べ飛べ』って言われても、スーパーマン、飛べないもんね。ピアノ線で吊《つ》ってんだもんね」

渥美さんらしい、深くて示唆《しさ》に富んだ言葉です。

そして、このひと言が「何様や！」と怒った神戸の人たちの心を揺り動かしました。

ファンに手を振れない寅さんは、飛べないスーパーマンと同じ。ピアノ線がなければ、スーパーマンが空を飛べないように、病気が体中から元気を奪い去れば、寅さんだって、ファンに手を振ることもできないんです。

言外には、それだけ病状が深刻で、それを、誰より悲しく、もどかしく思っているのは、実は自分なのだという思いが込められていました。

番組の放送後、松竹の宣伝部には、全国から山のようにハガキが届いたそうです。そしてその中には、当時ロケを見物に来ていた神戸の人たちから、「すいませんでした」「渥美さんがああいう状態とは知りませんでした」という謝罪と、「これからも応援します」という激励の声がたくさんあったということです。

●知られざる「ガン告知」

後にわかったことですが、渥美さんは、一九九一年、かかりつけの医師に「ガン」と宣告されていました。

奇《く》しくも、あの『お別れする会』で、肝臓の権威が「兆候が出ている」と指摘した写真の撮影時期と重なります。

はじめは肝臓で、それが五年後の九六年には、とうとう肺に転移してしまうのです。

渥美さんは、二六歳のとき、肺結核で右肺の摘出手術を受けています。以来、渥美さんには肺がひとつしかなかったわけですが、ついにそこにまで、病魔が取り付いてしまったということです。ガンが肺に転移したというのは、渥美さんにとっては「死の宣告」にも等しいことでした。

肺への転移は、渥美さん本人ではなく、ご家族に伝えられたということです。ただ、もともとカンの鋭い人でしたから、それとなく感じるものはあったでしょう。

でも、渥美さんは、そのような事実を周囲に漏《も》らす人ではありません。渥美さんは、自分のことは差し置いて、まずまわりの人たちのことを考える人でした。だから、撮影所で、誰か持病のある人を見かけると、まずその人に「どうだい、足の具合は?」とか「最近、胃のほうは、いいのかい?」というふうに、声をかけたものです。

それが、いつもの渥美さんの挨拶《あいさつ》代わりでした。まわりのことは親身になって心配する一方、自分のことでは、つねに、まわりによけいな心配をかけたくないと考えていたのです。また、必要以上に、気をつかわれるのはかなわないという気持ちもあったかもしれません。

私も、あんなに近いところで渥美さんと接していながら、渥美さんがガンだなんて思ったことはありません。体調が悪いのは、ずっと肝臓の持病のせいだと思っていました。おそらく、寅さんのスタッフの大半が、そのように思っていたのではないでしょうか。

ただ、私には、やがて、渥美さん本人から、その事実を打ち明けられる日がきます。

●オレは疲れちゃったよ

九五年秋、最後の寅さんのロケで、岡山県《おかやま》津山《つやま》の湯原《ゆばら》温泉に行ったときのことです。

その日は、朝から渥美さんの体調がすぐれず、撮影が終わって旅館に戻っても、見るからに辛そうな様子でした。

それでも、旅館の女将《おかみ》さんに「このたびは、お越しいただきましてありがとうございます」と挨拶されると、「オレが選んだんじゃないんだ、松竹の人間が選んだんだよ」と、ジョーク交じりの受け答えをするんです。渥美さんの、人に気をつかう、人を思いやるという性格は、骨の髄《ずい》まで染《し》みついていました。

ただ、部屋に戻って、私とふたりだけになると、やはり、すぐに辛そうな感じになって、

「シノ、オレ、疲れちゃったよ」

と、言い出すのです。

私が布団《ふとん》を敷こうとすると、それじゃ大げさだというので、座布団を何枚か敷いて、その上にゴロンと横になっていましたが、しばらくすると、女将さんがやってきて「よろしくお願いします」と色紙を五枚、置いていきました。

いわば、いつものことです。

地方へロケに行くと、必ずサインは頼まれたし、ときにはそれがみかん箱に三箱なんてこともありました。

余談ですが、このみかん箱のときは、さすがに渥美さんもムッとして、

「なんだ、これ？」

と、気色《けしき》ばんだものでした。

「色紙、頼まれたんですが……」

と、私が言うと、

「バカァ、オレは紀伊国屋文左衛門《きのくにやぶんざえもん》じゃないんだよ」

それでも私が、

「いや、みかんが入っているわけじゃありません。色紙です」

と、お願いすると、

「そんなものできないよ」

渥美さんが、いやがるのも無理はありません。いくら、ファンを大切にする人だとはいっても、色紙がみかん箱に三箱というのは尋常な数ではありません。

ましてや、ロケ先で、旅館に帰るときは、いつも撮影でくたくたに疲れています。そのうえに、サインを何百枚もしなければならないとなれば、渥美さんでなくても、普通の人だって怒ります。

でも、そこからが渥美さんです。

私が「それじゃ、断わってきましょうか」と言うと、しばらく、映画のなかの寅さんのように、じっと眉間《みけん》にシワを寄せて考えたあとで「どっちみち、やんなきゃしょうがないんだろ」と、言ってくれるんです。

私も「断わってきましょうか」と、本気で言ったわけではありません。それをもし白紙のままで返したら、担当の人がどれだけ困るかは、簡単に想像のつくことです。いわば、渥美さんのやさしさに甘えたということでしょうか。

渥美さんと一緒にいる時間が増えるにつれて、こういうとき、渥美さんは、最後には、必ず、こちらの願いを聞いてくれる人だということを理解するようになっていたのです。

くどいようですが、渥美さんは、本当に、自分のことより人のことばかり考える人です。

自分に厳しく、人にやさしい人と言ってもいいでしょう。

サインをするかしないかでゴネて、私や松竹の担当者を困らせるような人ではありません。かえって、もし、自分がそれをやらなければ、私たちがどれほど困るかと考えてくれる人でした。

つくづく、損な性分《しょうぶん》だったと思います。

●NHKの「渥美清インタビュー」が実現するまで

前に書いたNHK『クローズアップ現代』のインタビューにも、実現するまでには、こんな経緯がありました。

最初にNHKから話があったのは、特集番組で、寅さんを演じる渥美さんに密着させてほしいということでした。

渥美さんは「あまりしつこいのは困るけど、まあいいんじゃないの」と、一応、OKしました。もちろん、NHKのスタッフも、初めは「できるだけ渥美さんの目線に入らないところで撮影するから」と、約束してくれました。

遠まきに撮影し、前に出ていいときは出る。約束どおりの撮影が一カ月近く続きました。

とはいえ、しだいに欲というのでしょうか、仕事への熱意が高じたのでしょうか、あるときNHKの人が「自由時間を撮らせてほしい」と申し出てきました。

私はムッと来ました。なぜなら、それまで、渥美さんは、撮影に便宜《べんぎ》をはかろうと、かなりのサービスをしていたからです。

珍しいことに、渥美さんはこのとき、直接NHKのスタッフに、

「あれだけ撮ったんだから、もういいだろう」

と、言い渡しました。

それでも、NHKの人は簡単にはあきらめません。

夜遅くになって、渥美さんのところに来て「なんとかしてくれませんか」と、食い下がるんです。

私に、渥美さんの取材を差配するほどの権限があるわけではありません。そこには宣伝のスタッフが、しっかりと付いているのですから。

ただ付き人なりにやれることはあります。ですから私は、それ以前にも、N

HKの人のために、それなりの手助けをしてきたつもりです。

撮影の合間、渥美さんがインスタントのうどんを啜《すす》っている姿なんて、本当は誰にも見せたくありません。でも、あえて黙認もしました。

私はその人の交渉をじっと見ていました。結局、夜遅くに二時間近い話し合いが続き、結論は持ちこされました。

ところが、次の日の朝早く、その人が、渥美さんの部屋に現われたんです。渥美さんに「誰だい?」と聞かれたので、私は「NHKの方です」と、答えました。

私は、すぐにも「帰ってもらいいな」と言われるのではと思いましたが、渥美さんの反応は違いました。

そのNHKのスタッフが、重そうなリュックサックを背負って、必死の形相《ぎょうそう》で立っているのを見て、渥美さんが、突然、その人の物真似を始めたんです。

これが、そっくりというかなんというか、おかしくておかしくて、いっぺんにその場の空気が和《やわ》らいでしまいました。

渥美さんは、すっかり笑顔になって「入ってもらいな」と言いました。それで、彼が何をしたくて、いま、どんなことで困っているかを熱心に聞き始めたんです。

それから、彼との間で、こんな会話が交わされました。

「それじゃ何かい、お前さんは、これを撮らなかったら、会社に帰れないのかい？」

「はい」

「じゃ、クビになっちゃうのかい？」

「そこまでは……」

「ずーっと下のほうにいっちゃうのかい？」

「そうかもしれません」

その言葉を聞いて、渥美さんは、じっと考えはじめました。そして、ポツリと、こんなふうに言いました。

「そうか、じゃ、オレにも考える余地があるってことだな」

これでほぼ決まりでした。

あの、大きな話題になった『クローズアップ現代』のインタビューは、こういう経緯を経て実現したのです。

ただ、この話には、後日談がありました。

実は、渥美さんは、その朝、NHKのスタッフが現われる以前から、インタビューに応じることを決めていたというのです。

あとで、松竹の宣伝担当者から聞いた話によると、渥美さんは、事前に、NHKのスタッフが一カ月以上もかけて撮った、番組のラッシュを見ていたということです。

そのうえで、インタビューに応じようと決めたのは、渥美さんが私の想像を超えた判断を下したということでしょう。

私は、あの朝の顚末《てんまつ》から、渥美さんは、NHKのスタッフの熱心さに、心を動かされたのだとばかり思っていました。

たしかに、それは、一面では真実だったと思います。渥美さんは、尊大は嫌いましたが、人の熱心さを理解しない人ではありません。当然、彼の熱心さは伝わったはずだし、なんとかしてやりたいという気持ちにもなったはずです。

でも、それだけではなかったのです。

渥美さんは、プロの目でラッシュを見て、即座に、彼が置かれている立場を理解したのです。つまり、彼が言うように、きっと上司に「足りない、もっと撮ってこい」と命じられているであろうということをです。

もちろん、渥美さんには、せっかくやるからにはいいものを作りたいという気持ちもあったでしょう。でも、それ以上に、私には、渥美さんがそこまで深く正確に、状況を把握《はあく》していたということが驚きでした。

NHKのスタッフの熱意にほだされただけでなく、映像の世界で生きてきたプロとしての判断で、渥美さんはあの朝「オレにも考える余地があるってことだな」と言ったのです。

いまさらながら、渥美さんの、人としての大きさを知らされる思いです。

●五枚の色紙を書く力さえなく

話は前に戻りますが、みかん箱に三箱もサインの依頼が来たときのことです。

あのときは、おそらく、色紙が全部で一〇〇〇枚近くもあったでしょう。

こういう場合、芸能人のなかには、付き人とかマネージャーとか、本人と似た字を書ける人に代筆させる人もいるといいますが、もちろん渥美さんは、絶対にそういうことを許さない人でした。

あまりに数が多いので、見かねた私が「代わりにやりましょうか」と言っても応じません。

でも、あの津山の旅館では、たった五枚の色紙を書くことが苦痛だと言うのです。

私が、

「渥美さん、なんとか、これ書いていただけませんか」

と言うと、渥美さんはゴロンと横になったまま、

「だったら、オレ、今すぐここを出て行ってもいいんだよ」

力のない声が返ってきました。

渥美さんも生身の人間です。ときには虫の居所の悪いこともあったでしょう。でも、本来、そういうことを表に出す人ではありません。なのに、このときばかりは、あまりにあからさまな「いやだ」という態度でした。これは、私がそれまで見てきた渥美さんからは考えられないことでした。

日々の撮影をこなすだけで精一杯。渥美さんは、本当に精も根も尽き果てていたのです。

私は、渥美さんが、いつになく辛そうだと察しがついたので、旅館から頼まれた色紙は、それ以上無理強《じ》いしようとはしませんでした。同時に、これまでに感じたことがないくらい、渥美さんの体が心配になりました。

ともかく、いまは渥美さんを休ませてあげることが必要だと思い、私はこっ

そり部屋を出て、しばらく旅館のなかで時間をつぶしました。そのうち夕食の時間になりました。広間に出演者やスタッフが集まります。渥美さんは、もともと食の細い人ですから、食べられなかったらどうしようと心配しましたが、しばらく横になったことで、渥美さんも少しは楽になったようで、そのときは、いつものようにスタッフと一緒に食事をとりました。

ここにかぎらず、寅さんのロケでは、ほとんどのところで心づくしの夕食が用意されました。それがスタッフの楽しみのひとつでもあったわけですが、渥美さんにとっては、たとえ料理が豪華であっても質素でも、あまり関係のないことでした。

どこへ行っても、渥美さんは、食べるものがかぎられています。たとえば、イモの煮っころがしとか、和風の家庭料理のようなものしか箸《はし》をつけようとしません。このあたりは、ブツブツ文句を言いながらも、実は「おばちゃん」の手料理が何より好きという、映画の寅さんと一緒です。とくに、油ものは一切口にしませんでした。

ただ、元来がまわりに気をつかう人でしたから、出された食べ物に箸もつけずに残すのは、せっかく作ってくれた人に申し訳ないという気持ちがあったのでしょう。自分が食べられないものは、いつもこっそりと、私やそばにいるスタッフに「これ、食べとくれや」と、皿ごと渡したものです。

昼食も、ほとんど、ふかしたサツマイモか蕎麦《そば》でした。だから、ロケ先に行くと、まず、そこにうまいサツマイモか蕎麦がないか、土地の人に聞くというのが私の仕事のようになっていました。

●人生観を一変させたという大病のこと

若い頃の渥美さんは「四五度の焼酎をメシがわりに飲む」という、メチャクチャな生活をしていたといいます。それが肺をひとつ取る原因にもなったわけですが、その頃のことで、こんな話を聞いたことがあります。

一九八七年夏に公開された『知床《しれとこ》慕情』で、知床へロケに行ったときのことです。

この作品では、三船敏郎《みふねとしろう》さんがゲスト出演していましたが、その三船さんが、休憩中、私に「ゴミ袋ないですか?」と聞いてきたんです。ちょうど、そばに黒いビニールのゴミ袋があったので、それを手渡すと、三船さんは、おもむろに、そこらに落ちているタバコの吸い殻やゴミを拾って、ビニール袋に入れ始めました。

「世界のミフネ」と呼ばれるほどの人が、ロケ現場でゴミ拾いをしているんです。私はすごいことだと思いましたが、渥美さんも、これには「話には聞いていたけど、偉いねえ、世界のスターなんだよ」と、しきりに感心していました。

ただ、渥美さんは、もともと茶目っ気のある人でしたから、そうやってゴミを拾う三船さんを見て、何か思い当たることがあったようです。

それは、渥美さんが若い頃、町でよく見かけたという「モク拾い」と呼ばれる人たちでした。

簡単に言えば、タバコがいまよりも高級品だった時代、路上に落ちている吸い殻を拾い集め、中身をほぐして乾燥させ、再び一本のタバコに巻きなおして売っていた人たちのことです。

当時、そうやって巻きなおしたタバコのなかで、最も値段の高かったのが『オール世界』という銘柄だったそうです。なぜ『オール世界』という名前なのかといえば、中身が、ほとんど外国製の、いわゆる「洋モク」だったからです。外国のいろんな銘柄のタバコを集めて作ったから『オール世界』……。そんな思い出話をしてくれました。当時は、渥美さんも、よくそのタバコを買ったということです。

とはいえ、いかに値段が高かろうと、結局は粗悪品です。四五度の焼酎を呷《あお》って、粗悪品のタバコをふかし、しかも「寝る間も惜しんで遊ぶ」という生活を想像して、肺を取るハメになったのも仕方ないかもしれないと私は思ったものです。

でも、肺をひとつ取り、生死の境をさまようような体験をしたことで、渥美さんは、生活も人生観も一変したといいます。

人生観については、後に詳しく書きますが、生活の面では、酒もタバコも、一切口にしなくなりました。健康にも気をつかうようになりました。

私も、渥美さんと一緒に仕事をさせていただくようになって、すぐにタバコをやめました。それまでは、キャビンを一日に二箱も吸っていたんですが、あのときは、不思議と、ぴたりとやめることができました。

健康の面で、渥美さんが、とくに気をつかっていたのは風邪《かぜ》です。やはり、肺がひとつないということが、つねに、意識のなかにあったということでしょう。

だから、私も、寅さんの撮影に入ったとき、スタッフのなかに風邪気味の人がいたりすると、渥美さんのそばに近づけないように注意したものです。

浅草《あさくさ》の芸人時代、渥美さんは、関敬六《せきけいろく》さん、谷幹一《たにかんいち》さんと『スリーポケッツ』というトリオを組んで、大変な人気を博したことがあります。

でも、わずか何カ月かで、渥美さんが「抜ける」と言い出して解散してしまうのですが、その理由は、渥美さんが「三人でやるのは性《しょう》に合わない、オレはひとりでやりたい」と言ったからだとされています。

たしかに、そういう理由もあったでしょう。でも、実際にはそれだけではなかったようで、いつだったか、渥美さんに、こんなふうに聞かされたことがあります。

「三人でドタバタやるとな、ホコリがすごいだろ。そのホコリをずっと吸い続けていたら、オレはきっと死んじゃうよ。オレが病気になったり死んじゃったりしたら、他の二人に迷惑かけるだろ。だから、そうならないうちに、オレはやめると言ったんだ」

ここでも、根底にあったのは、自分には肺がひとつしかないという意識です。同時に、渥美さんが脱退した理由も、単に「ひとりでやりたい」というわがままから出たことではありませんでした。

これは余談ですが、このとき、渥美さんがした「脱退宣言」は、裏切り行為だということで、メンバーだけでなく、当時、そのトリオを応援していた浅草の踊り子さんたちからも、ずいぶん非難を浴びたといいます。

でも、渥美さんは少しの言い訳もせず、反対に「オレは絶対、こいつらは裏切らない、いつかオレがこいつらのために何かしてやれるときが来たら、必ず恩返しをする」と、固く心に誓ったそうです。

実際、関さんが寅さんシリーズに出演しているように、渥美さんは、きちんとその誓いを守りました。

もちろん、渥美さんのこの真摯《しんし》な思いは、踊り子さんたちにも伝わっています。

いま、渥美さんの月命日には、きっと昔はきれいな人だったのだろうと思わせる老婦人たちが、お墓参りに来ています。

それが、かつて、浅草フランス座で、渥美さんと同じ舞台を踏んだ踊り子さんたちでした。

●「ダボシャツ」の秘密

話が少し横道にそれてしまいましたが、再び第四八作のロケをしていた湯原温泉の旅館に戻りましょう。

このときは、映画のスタッフのほかに、関敬六さんもいたし、長野県小諸《こもろ》市にある『こもろ寅さん会館』の館長さんも来ていました。

ちなみに、小諸市は第四〇作『寅次郎サラダ記念日』のロケ地であり、『こもろ寅さん会館』の館長さんは、渥美さんや関さんの古くからの友人で、渥美さんが「小諸のお父さん」と呼んでいた人です。

さて、食事の後、その人たちはどこかへ飲みに行くことになりましたが、お酒を飲まない渥美さんは、まずそういう席にはつきあいません。そのかわり、誰かが「ちょっと行ってくる」と言うと、懐《ふところ》から何がしかのお金を出して「そうかい、これでみんなで楽しんでおいで」と送り出すのが常でした。

このときも、みんなをそのように送り出して、しばらくすると「風呂に入りたい」と言いました。

渥美さんの右胸には、若い頃、肺を取ったときの手術痕《こん》があります。寅さんのダボシャツを思い出してください。着たことのある人ならわかるはずですが、そもそも、寅さんが身につけるようなダボシャツは存在しないのです。

実際に街なかで売られているダボシャツと比べると、寅さんのそれは、極端に襟《えり》ぐりが詰まっています。市販されているものは、もっと胸元がだらんと広いはずです。しかも映画のなかの寅さんは、浴衣《ゆかた》を着てもどてらを着ても、必ずその下には、ダボシャツを着ています。これも、現実にはあまりないことです。

あのダボシャツは、寅さんのための特注品でした。胸の手術痕を隠すために、特別に業者に注文して作らせたものです。

たしかに、粋《いき》で陽気な寅さんの胸に、手術痕が見え隠れしていたのではサマになりません。寅さんを喜んでくれるお客さまを思えば当然のことです。そして渥美さん自身も、その手術痕を知らない人に見られることを嫌いました。

だから、ホテルや旅館の大浴場に、先客がひとりでもいると、絶対風呂には入りません。風呂に入るときは、必ずその前に「シノ、ちょっと見てきてくれ」と言うんです。

私が仕えて一四年、ロケ先では、よく一緒に風呂に入りました。

大浴場に他の客がいるかどうか見てくるのは、いつも私の仕事で、風呂から客が途切れないときは、いつまで経っても入れないということもありました。

ただ、この湯原温泉のときは、幸運にも客がひとりもいませんでした。

私たちは、最上階にあった渥美さんの部屋からエレベーターで下りて、浴場に行きました。

●岩風呂で気づいた、渥美さんの「異変」

三〜四人も入ればいっぱいになるという、こぢんまりとした岩風呂でした。渥美さんがお風呂に入るとき、湯船につかる前に、まずさっと背中を流すのが私の役目です。

湯加減を見て、それから渥美さんの肩にタオルをかけて、その上からお湯をかけます。私にはいい湯加減でも、渥美さんには熱かったり冷たかったりすることもありますから、必ず最初に、肩にタオルをかけるようにしていました。

この日も、いつものように、まず背中を流そうとしましたが、すぐに、渥美さんの体が、どこかいつもと違っていることに気づきました。

ふつうは、背中にお湯をかけると、肌がお湯をはじくように、スーッと流れていくものです。でも、このときは、お湯が流れていかず、たちの悪い汗のように、渥美さんの体に、べたべたと貼《は》りつくような感じなんです。

もちろん、こんなことは、いままでに一度もありません。

渥美さんが、毎日必ず、腹巻のなかから薬を取り出して飲んでいるのは知っていました。以前は、一日一回、お昼だけだったのが、この頃は、朝昼晩の三回になっていました。いつだったか、誰かが「渥美さん、何の薬飲んでるんですか？」と聞くと、渥美さんは「これかい、胃の薬だよ。こういう仕事していると神経つかうからね」と答えていましたが、私は、それは絶対にそういう種類の薬ではないと思っていました。

なぜかと言えば、渥美さんはその薬を、いつもこっそりと、隠れるようにして飲んでいたからです。胃の薬なら、お酒を飲みすぎたりして調子が悪いとき、たいていの人がお世話になります。だから、隠れて飲む必要なんてありません。

加えて、この頃は、なにしろ疲労が激しくて、少し動いただけでも、ぐったりとなるような感じでした。しかも、それがあからさまに態度として出るのです。これは、つねにまわりに気をつかう、いつもの渥美さんからは考えられないことでした。

ただ、その原因を、直接正面から尋ねることは、さすがの私も気が引けたので、私はわざと、

「渥美さん、食事のとき、少し油分を摂《と》ったほうがいいんじゃないですか」

と、聞いてみました。

渥美さんが油ものを食べないのは、肝臓に気をつかってのことだと知っていましたから、これはいわば意地悪な提案です。でも、あえて、そういう提案をすることで、私は渥美さんから、本当のことを知る手がかりになるようなことを、少しでも引き出せないかと思ったのです。

でも、渥美さんは、

「ダメダメ、油分なんか摂っちゃうと、オレはすぐにいっ、ちゃうよ」

と、力のない声で答えるばかりです。

●「オレはガンだからね、ハハハッ」

いまにして思えば、あの肌の異常は、そのまま病状の深刻さを物語るものでした。

ともあれ、それから私たちは、とりとめもなく話し始めました。

その頃、私も肝臓を悪くしていたので、話は自然と、おたがいの病気のことになりました。

私が、

「実はC型肝炎で、肝硬変も少し入っていると医者に言われているんです」

と話すと、渥美さんは、

「実は、オレも同じだ。でもオレのほうが重いな」

と言いました。

どう「重い」のかは、そこでは話してくれませんでしたが、そういえば、渥美さんには、足の付け根のところに手術痕がありました。

それは私にもあって、カテーテルという処置を施《ほどこ》す際にできるものです。

カテーテルとは、静脈から体の中に管を入れ、患部に直接薬を送り込むという処置方法のことで、おもに、薬を飲んだり注射をしたりでは効果が薄い重症患者に対して使われます。

私が、そのカテーテルの手術痕について指摘すると、渥美さんは、自分がカテーテルの処置を受けたとき、とても痛かったという体験を話してくれて、最後に、

「オレはもう長くないよ」

と、付け加えました。

でも、これはいつもの渥美さんの口癖で、渥美さんは、何かあるとすぐに「オレはもう長くないから」と言うんです。

だから、このときも、私は「また始まったか」という程度にしか受け止めていませんでした。

それだけに、一足先に湯船を出た渥美さんが、出口に向かう途中で残したひと言が、私には衝撃的でした。

渥美さんは、ほとんどいつもと変わらない口調で、

「実はな、シノ、オレはガンなんだ」

と、言ったのです。

表情には、薄い笑みのようなものさえ浮かんでいました。深刻そうな様子なんて少しもありません。かえって、そのあとに「いや、冗談、冗談」と、悪い冗談を笑いでごまかしてしまいそうな雰囲気さえありました。

でも、それで私はピンと来たんです。

渥美さんは、おちゃらけたり、冗談めかすときにかぎって、本当のことを言う人です。

渥美さんはガンなんだ、それもかなり深刻な段階にまで来ている……。

絶対にそう思いたくないけれど、もしそれが事実なら、この日起こったさまざまなことの説明がつきます。

あのサインを拒《こば》んだときの、異様な消耗の仕方。お湯をはじかなかった肌のこと。それらが、ガンの進行からきているとすれば、納得がいくのです。

「オレはガンなんだからねー、ハハッ」

渥美さんは私に背中を向けたまま、再度、そう言い残して、風呂場をあとにしました。

渥美さんがガン……私は湯船から出ようとして立ち上がったまま、そこから一歩も動けなくなりました。

シリーズ最後の作品となった『寅次郎紅の花』。リリー（浅丘ルリ子）と

第二章

わが人生の師

——人として役者として、数え切れない「教え」があった

●いつの間にか始まっていた付き人生活

私が渥美さんのお世話をするようになったのは、音無美紀子《おとなしみきこ》さんがマドンナ役で、岸本加世子《きしもとかよこ》さんがゲスト出演した一九八一年公開の『寅次郎紙風船』（第二八作）の頃からです。

といっても、渥美さんとの間に、特別な契約があったわけではありません。気がつくと、いつの間にか、そういう存在になっていたという感じです。

もともと私は役者志望で、一九七六年に松竹の新人募集に応募し、オーディションの結果、運よく採用されたのです。それから大船撮影所に出入りするようになるのですが、俳優とはいえ、そこはまだ新人です。そうそう仕事があるわけではありません。出番のないときには、現場で照明さんの手伝いをしたり、いわゆる裏方を務めることもありました。私も、当時は、そんなひとりだったのです。

もちろん、寅さんは、当時から松竹のドル箱で、私たちには憧《あこが》れだったし、撮影が行なわれていると聞けば、見学に行くこともしょっちゅうでした。

そんなある日のこと、偶然、渥美さんと話す機会が訪れました。

いつものように、スタジオの隅で見学していると、スーッと渥美さんが、私のそばを通りかけたんです。そして、見慣れない若い者に、ふと、ひと声かけてやろうという気にでもなったのでしょうか。

「何やってんだい？」

「新人なので、勉強のために、ちょっと見学させていただいています」

「そうかい。ま、しっかり見ていきなよ」

話したのはそれだけでした。

でも、私の心には、ズシリと重く残るものがありました。

あの渥美さんに声をかけてもらえたという感激、それだけでも十分なのに激励までしてもらった。

スターなのにスターぶることをしない、なんて気さくな人なんだろうと思いました。そして、こういう人と一緒に仕事ができたら、とも思いました。
それから私は、ますます足繁《あししげ》く、寅さんの撮影現場に通うようになりました。

何回も通えば、自然と顔見知りもできるし、ときには何かを頼まれるようにもなります。そのうち、私のほうが、進んであれこれ雑用を引き受けるようになり、気がつくと、いつの間にか、寅さんのスタッフの一員のようになっていました。映画の世界には、いい意味でアバウトなところがありますが、私はその恩恵を受けたということかもしれません。

私が付き人兼雑用係をすることについて、渥美さんとの間で細かい取り決めがあったわけではありません。ただ、渥美さんのそばで、お茶をいれたり、雪駄《せった》をそろえたりしているうちに、渥美さんに「シノ」と呼んでもらえるようになり、本当にいつの間にか、寅さんの撮影の間だけ、渥美さんのそばで、あれこれ身の回りのお世話をさせてもらえるようになったんです。

結局、それが一四年も続くことになりました。

私がいままでも不思議に思うのは、この一四年の間、渥美さんに怒られたことが一度もないということです。

もともと何でも自分でやる人で「私がやります」と言っても「いいから、いいから」という調子で、自分ですぐにできるようなことは、ほとんどやらせてくれません。だから私は、いわゆるスターの付き人のように、細かいところまで神経を張り巡《めぐ》らせたりしなくてもよかったし「気がきかない」と怒られることがなかったのかもしれません。しかし、それにしても、渥美さんは怒らない人でした。

実は、渥美さんに付くようになってから、私は何度か寅さんにも出演させてもらっています。といっても、タコ社長のところの工員役とか、縁日のたくさんいるテキ屋のなかのひとりといった役どころでしたが。

一番いい役をもらったのが、渥美さんに付いて間もない、岸本加世子さんが出演したときでした。たしか、私はタコ社長のところの工員で、仕事場に来た岸本さんがぶかぶかのオーバーオールを着ているのを見て「ずいぶん、オーバーな格好だねえ」とか言うんです。たったそれだけでしたが、憧れの寅さんで、ひと言でもセリフを言えたということに、当時はずいぶん感激したものです。

それ以外の私の出番といえば、たとえば知床ロケ（第三八作『知床慕情』）で、渥美さんの後ろを通る通行人の役をもらったときなどは、私と渥美さんとの距離が近すぎるというので、もっと後ろに下がるようにと言われました。それでどんどん下がっていくと、そのうち私が岩陰に隠れてしまったんです。すると、とたんにカメラマンが「そこでいいよ」……。私がカメラに入るより、むしろ入らないほうがいいというわけです。ガックリきました。

テキ屋の役をもらったときも、監督が渥美さんを撮るのに夢中になってしまい、私のことなんて眼中にありません。それでも、じっと出番を待っていると、結局、一度も声がかからないまま「はい、終わり」です。そんなことばかりでした。

それでも、根がドジなもので、私はしょっちゅう失敗ばかりするんです。もちろん、監督には何度も怒られましたが、そういうときでも、渥美さんは「お前、バカだねー」って、ケタケタ笑いながら見ているばかりです。

●緊張のあまりに大失態

第四六作の『寅次郎の縁談』で、瀬戸内海の志々《しし》島にロケに行ったときだと記憶しています。そこではこんなことがありました。

映画をよく見ている人にはわかると思いますが、寅さんには、たとえば帽子とか腹巻とか雪駄とか、いくつかの専用小道具があります。そのなかで、時計と指輪とお守りを、本番のときに用意するというのが私の役目でした。正確に言えば、小道具さんが用意してくれたものを、私が本番まで預《あず》かるのです。

でも、そのとき、私はその「三点セット」をそっくり旅館に忘れてきてしまったんです。

ちょうど夕暮れどきで、夕日が一番いい状態になったら撮影を始めるということになっていました。渥美さんと私は、対岸の町に待機していましたが、旅館から船着場までは車で五分か一〇分かかり、そこから船で撮影現場の島に渡ります。夕日はこっちの都合で落ちるのを待っててはくれませんから、いわば一発勝負です。

それで、旅館の玄関でじっと待っていると、そのうち「はい、行きます！」というスタッフの声がかかりました。

言い訳をするわけではありませんが、人には、絶対これを忘れちゃいけないと強く思うときにかぎって、それ以上に大事なものを忘れたり、ふだんは絶対にしないようなミスをおかすことがあるものです。

そのときも、たぶん私は「一発勝負」だという緊張感に、心を奪われていたのかもしれません。なによりもまず、渥美さんを、現場まで無事に送り届けることが先決だと……。それで、あわてて車に乗り、船着場まで行って、船に乗ってやれやれと思ったら、なんと例の三点セットがありません。顔が真っ青になって、冷や汗がドッと出ました。

でも、撮影は一分一秒を争うという状態ですから、いまさら引き返すわけにもいきません。やむなく私は、正直に渥美さんに言いました。

「すいません、実は、時計と指輪とお守りを旅館に忘れてきてしまいました」

このときは、さすがの渥美さんも、一瞬、怖い顔になりました。

それはそうです。

役者さんのなかには、たとえば、大小の刀が必要なシーンがあって、付き人なりスタッフなりが、小のほうだけ忘れたとすると「こんなことで、できるか！」と怒って、撮影そのものをやめて帰ってしまう人もいると聞きます。役者さんにしてみれば、それだけプライドもあるし、自分自身のテンションも本番に向けて高めているわけだから、そこでそのようなミスをされると、怒り心頭の状態になるというのはよくわかります。それは役者の世界では当然だし、常識とさえ言えるでしょう。

何より、そのようなミスを監督が許しませんし、私のせいで、小道具さんをはじめとしたスタッフにも多大な迷惑がかかります。

だから、このときの私は、ひと言の言い逃れもできない立場にあったわけです。

でも、渥美さんが怖い顔になったのは、ほんの一瞬のことでした。すぐに元の表情に戻り、こう言ってくれたのです。

「いいよ。だってお前、これから海を泳いで取りに行くのかい?」

本当に、そのひと言で、私は泣きたいほど救われた気分になりました。

でも、同時にまた、疑問も感じました。

渥美さんが「いいよ」と言ってくれたのはありがたいことですが、例の三点セットがないという状況は変わりません。それを、渥美さんは、どうやってカバーするつもりなのかということです。

●渥美さんのアドリブが私を救ってくれた

このとき、渥美さんがしたことを、私はいまでも忘れることができません。

それは、夕日をバックに寅さんと満男（妹・さくらの息子。寅さんには唯一の甥《おい》。映画では吉岡秀隆《よしおかひでたか》さんが演じている）が会話するシーンでした。

渥美さんは、着ていた上着の襟《えり》を両手で立てると、まるで「寒い寒い」とでも言うようなしぐさをしました。こうすれば上着の袖が伸び、腕時計は見えなくなります。しかも、上着の前を合わせますから、お守りも隠れます。そのうえで、渥美さんは体を横に向け、「満男……」と語り始めました。

誰が見ても、まったく自然な演技でした。いや、そこで上着の袖を伸ばし、前を合わせるというアドリブが、かえってリアリティーを深めているようにさえ感じました。

結局、撮影はそれでOKになり、私が三点セットを忘れたことは、誰にも気づかれることなくすんだのです。

いまさらながら、渥美さんはすごい人だと思いました。

マイナスをそのままマイナスにするか、さらに大きなマイナスにするのは簡単なことですが、プラスにするのは容易ではありません。でも、渥美さんは、いとも易々《やすやす》と、それをやりのけてしまったんです。

もちろん、撮影が終わってから、私は何度も渥美さんに謝りました。でも、渥美さんは「いいんだよ、失敗は誰にもあることだから」と言うばかりです。

たとえばサラリーマンの世界で、部下がミスをした場合、上司が叱《しか》るのは簡単です。ただ、そのとき叱られた部下の反省は一過性のもので、忘れた頃に、また同じ失敗を繰り返すというのはよくあることです。人間ですから、叱られると感情的になったり、恨《うら》みを残すということもあるでしょう。

でも、渥美さんは、ただひたすら寛容でした。その寛容が私にはこたえました。

自分が大きなミスをしたのに、渥美さんのように「誰にでもあることだから」と言われると、人間、誰しも二度とそういう失敗はしたくないという気持ちになるものです。

渥美さんの教えは、深く重く、私の心に沁《し》みました。

●座右の銘「知恩《ちおん》」に込められた意味

渥美さんは「知恩」という言葉を大切にしていました。

京都に知恩院という有名なお寺がありますが、そこへ行ったとき、ご住職に教わったということです。

ふだんの渥美さんは、あまり宗教心に篤《あつ》いほうではありません。

目黒《めぐろ》にあるご自宅の仏壇も、古い木製の質素なものでした。

私は渥美さんが亡くなった後、何度かご自宅を訪ねましたが、仏壇には、ご先祖でしょうか、他の位牌《いはい》と並んで、渥美さん本人の位牌がありました。

ふつうは、ありがたい文字が並んでいるところなのでしょうが、渥美さんの位牌には、ただ「田所康雄の霊」と、平凡な文字で書かれているだけでした。

そもそも、渥美さんには戒名《かいみょう》がありません。生前、渥美さんが、ご家族に「そういうものは付けるな」と言い残していたため、そのとおりにしたということです。

また、聞くところによると、位牌も、生前からすでにあったものでした。岡山県の総社《そうじゃ》市というところへロケに行ったとき、通りすがりにあった仏具屋で、関敬六さんと一緒に作ったものだそうです。

そのとき、渥美さんは「こういうものは、生きているうちに作っておくと、逆に長生きするっていうからな」と言ったそうですが、どこまで本気で、そのように思っていたのでしょうか。

ただ、渥美さんは、その仏壇の前で、毎朝、手を合わせるのを日課にしていたといいますから、宗教的な行ないのすべてを軽《かろ》んじたり、意味がないと考えていたわけではありません。

渥美さんは、何事にも質素を好み、飾り立てることを嫌いました。仏壇も位牌も、その性格どおりです。大事なのは、豪華なことでも、ことさらに飾り立てることでもなく、無心に手を合わせるその気持ちだと考えていたのではないでしょうか。

宗教心は篤くなくても、ロケで地方へ行ったときには、その土地の有名な神社仏閣には好んで足を運びました。

そのいわれや歴史を聞いたり、お坊さんの話を聞くのも好きでした。渥美さんは、そうした話のなかから、自分が気に入ったり、心に響いたりしたことを、自然と蓄《たくわ》えていったようです。

「知恩」も、そのなかのひとつでした。意味は、文字どおり「恩を知る」ということです。

ただ、渥美さんによれば、そこにはさらに深い意味があるということでした。

「たとえば、今日、誰かと出会ったとするだろ。するとね、その人にはきっと恩があるんだ。今日だけじゃない。これまでも、これからも、出会った人にはみんな恩がある。だから、人は恩を忘れてはいけない。出会った人はすべて大切にしなきゃいけない。知恩というのはそういうことなんだよ」

渥美さんは、よほどこの話が気に入っていたのでしょう。私は、何度、同じ話を聞かされたかわかりません。

たしか四国だったと思いますが、ロケの合間に、あるお寺を訪れたとき、本堂に大きく「知恩」と書かれた額が飾ってありました。すると、それを見た渥美さんは、わざわざご住職に、その意味といわれを尋ねるんです。

そして、自分が知っている話と同じだと知ると、とても満足そうに頷《うなず》いていました。

好きな話は何度聞いてもいい、ということでしょうか。

●人を裏切るな

もっとも、私の場合は、渥美さんほど、深くその話を理解していたわけではありません。

だから、あるとき、渥美さんがその話の続きで、

「オレだって、こうやってお前と知り合っただろ。だから、オレはお前に恩が

あるんだ」

と言ったとき、私には、その意味がわかりませんでした。それで、

「そんなことありません」

と言うと、渥美さんが、

「いや、そうじゃない。お前だってこうしてオレと知り合っただろ。だから、お前もオレに恩があるんだ」

渥美さんが、何か、とても含蓄《がんちく》のある深い話をしているということはわかりました。でも、こういうとき、それをまともに聞けないのが私の悪いクセです。このときも、渥美さんが、よく、好物のリンゴと柿をおすそ分けしてくれるのを思い出して、

「そうですね、渥美さん、いつもリンゴと柿くれるもんね」

と、混ぜっ返してしまったのです。渥美さんが呆《あき》れたのは言うまでもありません。

でも、いまになって思えば、渥美さんが人のことばかり心配したり、私の失

敗を怒りもせずにフォローしてくれたりしたのは、根底にこの「知恩」の考え方があったからかもしれません。

それに渥美さんは、若い頃、大病して、生きるか死ぬかという体験をしています。このときの体験から、私たちよりははるかに高いレベルで、いかに生きるかを考えたり、人の大切さやありがたさを学び取ったということなのかもしれません。

この「知恩」と同じように「人を裏切ってはいけない、裏切るくらいなら、裏切られたほうがいい」という言葉も、口が酸《す》っぱくなるくらい話していました。

たとえば、私に付き合っている女性がいて、その女性と最近別れたという話を、渥美さんにしたとします。

すると渥美さんは、必ず、

「まさか、お前が裏切ったんじゃないだろうね？」

と、聞いてきます。そこで私が、

「いえ、僕が振られたんです」

と言うと、

「そうかい、それでいいんだ」

と、妙に納得してしまうのです。

「いいか、シノ、結婚するなら、相手は普通の人がいい。そして、一緒になったら、絶対に泣かすな。女は弱いものなんだ。お前はだまされたっていいけど、その人のことは絶対に泣かしちゃいけない」

これも渥美さんから、よく聞かされた話です。

「人を裏切ってはいけない」

口で言うのは簡単です。でも、渥美さんは、それをガンコなほどの決意で実践した人でもありました。

●仲間に「見返り」は求めない

いい例が、関敬六さんとの関係です。

ご存知のように、関さんは、寅さんのテキ屋仲間として何度も映画に出ていますが、渥美さんは、その関さんに、よくこんなふうに言ったものです。

「なあ、関よぉ、オレが生きてるときだけでも勉強しとけ。そのうち、仕事なくなるぞ」

渥美さんにとっては精一杯の忠告だったと思います。でも、関さんには、ときどき、たったひと言のセリフがうまく言えないことがありました。

当然、監督は、

「関さん、ひと言だけでもセリフなんだから、ちゃんと覚えてください」

と、注意します。

すると渥美さんが、誰に言うともなく、

「ダメダメ、こいつは仕事に来てるんじゃないんだから。遊びに来てるんだから」

文字にすると、かなりきつい言葉のように感じるかもしれませんが、渥美さんの声に乗ると、これが不思議とジョークに聞こえるんです。それで監督も吹き出すし、場が一気に和《なご》んでしまう。これも渥美さん流のフォローでした。

関さんが浅草の舞台に出ていたときも「渥美やん（関さんは渥美さんのことを『渥美やん』と呼びます）、ちょっと顔出してくれや」と関さんに頼まれると、渥美さんは断われません。「しょうがねえなぁ」とか言いながら、わざわざ舞台に上がって「関をよろしく頼みます」と、お客さんに挨拶するのです。

義理堅いというだけではありません。それが渥美さんの、友達との付き合い方なんです。

もちろん、見返りなんてないし、見返りを期待してのことでもありません。渥美さんにとって、理由は、関さんが「浅草以来の親友だから」であり、それで何をするにも十分だったんです。

関さんは、よく、出番のないときもロケの現場へ来ましたが、柴又《しばまた》でのロケのときにはこんなことがありました。

「なんだ、関、どうした」

と、渥美さんが言うと、関さんは、

「みんな飲みてえ飲みてえと言うからよ。今日はオレの店へ行って、みんなに飲ましてやろうと思ってよ」

みんなというのは、寅さんのスタッフのことです。当時、関さんは、東京の小岩《こいわ》というところに自分のお店を持っていましたから、そこで、スタッフを労《ねぎら》ってやるつもりだというわけです。

渥美さんは「ああ、そうかい、よろしく頼むよ」と、その場では答えます。

でも、何日かして、また関さんが来ると、渥美さんは「この前、どうだった?」と、聞くんです。

それで関さんが、

「いやあ、この間は、オレの店へ二〇人も来ちゃってよ。ドンチャン騒ぎだよ」

と言うと、

「どのくらいかかった？」

「三〇万くらいかなあ」

すると、渥美さんが、そのお金を自分の腹巻から出すんです。

あとで私が一緒に行った人間に聞くと、実際に行ったのは三人でした。しかも渥美さんは、関さんに「この前、どうだった？」と尋ねる前に、三人しか行っていないことを知っていたということです。

渥美さんには、先刻ご承知のことだったのです。でも、渥美さんは、その事実を関さんにつきつけて、恥をかかそうとするような人ではありません。関さんにかぎらず、私は、渥美さんがそのようなことをするのを見たことがありません。渥美さんは、そのような関さんのすべてを許していたのです。

●掛《か》け替《が》えのない人

いつだったか、渥美さんに、なぜそこまで関さんにしてあげるのかと聞いたことがあります。

すると渥美さんは、

「あいつには世話になったからな」

そのひと言でした。

断わるまでもないと思いますが、私はこの話を、関さんを中傷しようとして紹介しているわけではありません。

関さんは、渥美さんにとって掛け替えのない人でした。

浅草の売れない芸人だった頃、ふたりは三畳一間の安アパートで、一枚しかないせんべい布団にくるまって寝たこともあるといいます。

渥美さんが大病したとき、関さんは陰に日に励ましてくれたといいます。当時、渥美さんが患《わずら》っていた結核にはペニシリンが特効薬とされていましたが、これが高価でなかなか手に入りません。でも関さんは、どこからか外国製の石鹸《せっけん》やタバコを仕入れてきては浅草の踊り子さんたちに高く売り、そのお金でペニシリンを調達してくれたそうです。

『スリーポケッツ』を脱退して不義理をしたという負い目も、渥美さんにはあったでしょう。それやこれや、私などには想像もつかない深い結びつきが、二人の間にはあったのです。

渥美さんは、ふだん、ひとりでいるのを好むくせに、人一倍、淋しがり屋でもありました。ましてや、寅さんで有名になってからは、知らず知らず、まわりの人たちとの間に距離ができ、それまでのように気軽には付き合えないようになったでしょう。そんななか、渥美さんが、唯一、心を開いて、ふだんどおりに付き合えたのが関さんでした。

渥美さんは、そういう人のためなら、何だってできる人なんです。

だから、関さんが「これくらいかかった」と言えば「そうかい」と、懐からポンと出すのです。「しょうがねえなぁ」という気持ちもなかったでしょう。むしろ、喜んで渡したのではないでしょうか。それが渥美さんの「人を裏切らない」という生き方であり、友情の示し方だったからです。

渥美さんは、お金の使い方のきれいな人でした。

自分が必要と思えばドンと出す。といって、ふだんは特別ぜいたくするわけでも、高級クラブのようなところで豪遊するわけでもありません。むしろ、そういうぜいたくの仕方や遊び方こそ、渥美さんには縁遠い世界だったと言えるでしょう。せっせと貯蓄に励むようなこともしませんでした。

一般の庶民レベルとは違ったかもしれませんが、渥美さんには、渥美さんなりの金銭感覚がありました。でも、少なくとも、執着はありませんでした。

先ほどの関さんにしても、渥美さんのためにがんばってくれる人です。渥美さんは、そういう人たちをとても大切にしました。

それは渥美さんに、ある種の覚悟があったからだと思います。人を大切にするのは、ハンパではできない、やる以上はとことんやらなければという覚悟です。渥美さんの「知恩」とは、まさにそのことだったのかもしれません。

●驚くべき人物観察の眼

ところで、私がこのように、渥美さんのお金の使い方や、どれだけ人を大切にしたかを書くと、もしかすると、渥美さんは、とんでもないお人好しに見えてしまうかもしれません。

たしかに、渥美さんはやさしい人だったし、大きな包容力のある人でした。誰も真似することができないくらい、人を許すことができる人でした。

でも、一方で、鋭い観察力を持った人でもありました。誰も見ていないと思うようなところでも、しっかりと見ているんです。

寅さんの撮影に入ると、渥美さんは、よく、共演者やスタッフの物真似をしては、みんなを笑わせました。これが、実に上手に特徴をとらえていて、見ているだけで、思わず腹を抱えてしまうほどなんです。もちろん、渥美さんの演技力がそれだけすごかったということですが、同時にそれは、渥美さんの観察力の鋭さを物語るものだとも思います。

たまたま、撮影所で私とタコ社長の話をしているときに、突然、渥美さんに「ところで、シノ、もうひとり、タコがいただろう」と言われたことがあります。

とっさのことだったので、すぐには誰のことか思いつかなかったのですが、よくよく考えると、たしかに、スタッフのなかに、タコのような風貌《ふうぼう》をしている人がいました。

私が「○○さんのことですか？」と聞くと、渥美さんは「そうだ」と言います。そして続けて、こう言いました。

「あいつは、いつもひとりでブチブチ言いながら仕事してるけど、一生懸命だな。あまり融通《ゆうずう》はきかないみたいだけど、仕事はコツコツやる。ああいうのは、きちんと仕込めばいいスタッフになるよ。これからはああいう若いのを育てなきゃいけないな」

私はその話を聞いて、渥美さんが大勢のスタッフ一人ひとりにまで目配りしていることに驚いたものです。

かく言う私も、渥美さんに付いてしばらくして、あることを言われたことがあります。

実は、私には、渥美さんの前に、橋幸夫《はしゆきお》さんの楽屋付きをやっていた経験があります。

そのとき、橋さん本人が来たら、まず「おはようございます。今日も一日よろしくお願いします」ときちんと挨拶して、それから履《は》いてきた靴を揃《そろ》えるよう厳しくしつけられたので、渥美さんに付いてからも、毎日同じようにしていたのです。

すると、あるとき渥美さんに、

「シノ、お前、そういう礼儀は誰に教わったんだい？」

と、聞かれました。

それで私が「橋幸夫さんが舞台のとき、ずっと付いていたので、そこで教わりました」と答えると、渥美さんは、感心したという表情を浮かべて、こう言いました。

「そうかい、舞台は厳しいからね。橋幸夫がそうやってお前に教えてくれたというのはいいことだよ。とてもいいことだ。いまの芸人は、なかなかそういうことは教えないだろ。教えないで文句ばっかり言うんだから。教えないくせに文句を言うのは一番いけないんだ。

そうやって教えてくれる役者はね、いい役者だよ。きっと両親がきちんとした人なんだね。でなけりゃ、そういうことは教えられないよ。橋幸夫というのは偉いんだね」

渥美さんに褒《ほ》められたことはとてもうれしかったのですが、私はそれ以上に、渥美さんが、日頃からそういう目で自分を見ているのだと知って、そちらのほうに驚きもしたし、ますますしっかりやらなければという気持ちにもなったものです。

●「礼儀」と「しつけ」には厳しく

ふだんあまり口に出しては言いませんが、渥美さんは「礼儀」や「しつけ」に、とても厳しい人でもありました。

あるとき、二人で蕎麦屋へ行くと、衝立《ついたて》越しのとなりの席に、両親と子供二人の親子連れが来ていました。

何の気なしに覗《のぞ》き込むと、子供が二人とも、箸《はし》を上手に使えないんです。なかにはまったく気にしない人もいますが、気にする人には、箸が上手に使えないことは、どこかだらしなく見えてしまうものです。

その様子は渥美さんにも見えたらしく、そこで私にこう言いました。

「いいか、シノ、お前が結婚して子供が生まれたら、箸の使い方だけはちゃんと教えろ」

私はこの言葉から、渥美さんのしつけに対する基本的な考え方がわかるように思いました。

渥美さんは、何も難しいことを求めているわけではないんです。当たり前のことが当たり前にできるかどうか、それが大事だと考えていたのです。当たり前の人がどのようにしつけられてきたかは、ときに、日常の何気ないしぐさに表われたりするものです。そこに最も、身についたことと装《よそお》ったことの違いが出るからです。「だから日々の積み重ねが大事なんだ」と、きっと渥美さんはそう言いたかったのだと思います。

関さんの息子の二郎《じろう》さんにも、激怒したことがあります。

二郎さんは、関谷《せきや》二郎という芸名の役者で、何度か寅さんのシリーズにも出たことがあります。

たしか、長崎《ながさき》県島原《しまばら》でのロケのときでしたが、関さん親子もその映画に出ることになって、私たちと同じホテルに泊まっていました。

渥美さんは、関さんの息子ということで、二郎さんをかわいがっていて、たまにはお小遣いをあげることもあったし、彼の将来のことも気にかけていました。

それで、朝、私が渥美さんの部屋に行くと、渥美さんが、関さんと二郎さんを呼んでくるようにと言うんです。

二人を渥美さんの部屋へお連れすると、渥美さんが「二郎、お前、最近、仕事のほうはどうなんだ？」と尋ねました。

二郎さんは、うまく答えられずにもじもじしていましたが、代わって関さんが、

「ダメだ、こいつは。オレと一緒でよ、毎日、パチンコとマージャンばかりだよ」

と、答えました。

関さんにしてみれば、軽い冗談のつもりだったのかもしれません。

でも、その言葉を聞いたとたん、急に渥美さんの表情が変わりました。

「二郎、そこに座れ！」

すごい剣幕《けんまく》でした。

「お前、親と一緒でどうすんだ？　お前も関みたいになりたいのか！」

見かねた関さんが、

「まあまあ、渥美やん、いいじゃねえか」

と、とりなしましたが、渥美さんの怒りはおさまりません。

「いいわけないだろ。お前がそうだから、息子までこんなふうになってしまうんだ！」

渥美さんは、二郎さんにだけでなく、親としての関さんにも、苛立ち、歯がゆいものを感じていたのだと思います。

二郎さんに投げつけた激しい言葉は、以前、渥美さんが関さんに言った「オレが生きてるときだけでも勉強しとけ」という忠告と重なります。それがあのとき、一気に爆発したということなのでしょう。

日頃から、自分が気にかけていた存在であればこその叱咤《しった》でした。

渥美さんは、しつけに関して、自分の子供さんたちにも厳しかったようです。

渥美さんには、男女ひとりずつのお子さんがいますが、とくに、長男の健太《けんた》郎《ろう》さんには、厳しい父親だったといいます。

たとえば、朝、ちゃんと起きて、自分の寝間着をきちんとたたみ、朝食をすませてから学校に行くならいいけれども、もし、寝間着をそのままほったらかしにしているようなら、玄関まで行って息子さんをつかまえて、殴りつけてでもやらせたそうです。

それは、私が見ているふだんの渥美さんからは、想像もつかない父親としての姿でした。

もちろんその根底には、田所康雄というひとりの父親として「子供は厳しく育てなければならない」という考え方もあったでしょう。

いずれにせよ、それは、めったに見られない、渥美さんの意外な顔でした。

そして、渥美さんのその話を聞いて、私は、人間というのは、自分に厳しいから人にやさしくなれるのかもしれないと思ったものです。

●緊張感のなかに笑いが起きる撮影現場

寅さんの撮影現場の話をしましょう。

役者というのは、有名になればなるほど自尊心の塊《かたまり》のようになりますから、映画やテレビでは仲がよさそうに見えても、休憩時間などでは口もきかないというのは、よく聞く話です。

私も、ファンの方に、その点、寅さんの共演者はどうなのかと聞かれることがあります。

これははっきりと断言しますが、寅さんの共演者にかぎって「ふだんは口もきかない」などということはありません。それどころか、みなさん、日頃から、おたがいを役名で呼び合ったりして、撮影現場には、まるで『とらや』(『くるまや』)の居間のような雰囲気がありました。

倍賞千恵子《ばいしょうちえこ》さんは「さくら」だし、前田吟《まえだぎん》さんは「博」、太宰久雄《だざいひさお》さんは

「社長」というふうにです。

もちろん、その中心には、いつも渥美さんがいました。

そして全員が、実に真剣に撮影に臨《のぞ》んでいました。

いつも現場には、出演者やスタッフの熱気があふれていたのです。でも、それが長い時間続いたりすると、場の空気が重たくなることもあります。そんなとき、渥美さんのアドリブが、絶妙のタイミングで飛び出すのです。

たとえばこんな感じです。

映画のなかで、寅さんが、柴又の『とらや』に電話するというのは、全作品のなかで何度かあったシーンですが、あるとき、そのシーンのテスト中に、渥美さんが突然、台本になかった演技をしたことがあります。

まだ、いまのように、コードレス電話が一般に普及していなかった頃のことです。

食堂のお姉さんに、寅さんが「電話貸して」と言うと、渡されたのが電話の子機で、それにはコードがありません。

渥美さんは、ふと、自分が握っている受話器を見つめ、今度は怪訝《けげん》そうな表情をつくります。そして、本来コードがあるはずのところを、指でなぞるように動かすと、すかさずアドリブです。

「お姉ちゃん、この電話、つながってんのかい？」

ところで、これは後で詳しく書きますが、渥美さんと山田洋次《やまだようじ》監督は、おたがい尊敬しあっているのに、二人の間には、微妙な距離感がありました。

簡単に言えば、いわゆる「なあなあ」の関係ではなかったということです。

寅さんシリーズが四八作も続いたのは、この距離感が大きな役割を果たしたのではないでしょうか。

だから、渥美さんは、基本的に、監督に渡された台本を尊重します。ここという決めのセリフは、絶対に台本どおり演じます。

でも、それ以外の場面では、アドリブが入ることがありました。

これが、なにしろおかしいんです。

共演者ばかりか、スタッフも笑うし、音声さんはマイクを持つ手が震えたり、監督までゲラゲラ笑ってしまいます。

その山田監督がよくやったのが、

「はい、本番いきます」

と言って、みんながその気になっていると、突然、

「ヨーイ、テスト！」

これにはみんなガックリくるわけです。

このように書くと、笑いが絶えない現場に思われるかもしれません。しかし、それは違います。全員が真剣で、つねに張りつめているからこそ、渥美さんのアドリブや監督の「ヨーイ、テスト！」も、みんなを脱力させ、笑いを誘うのです。

それが現場に、とてもいい雰囲気をつくっていました。

また、山田監督が「本番」から「テスト」に変更したのは、やはり突然、もう一度テストをしたくなったからだということです。

●タコ社長との「糖尿談義」に花が咲く

渥美さんは、あまり積極的に人付き合いをするほうではありませんから、共演者の方たちとも、プライベートでのお付き合いはほとんどなかったと思います。

何か話をするのも、誰かの相談に乗るのも、ほとんどが撮影所かロケ先でした。

それでも渥美さんは、映画のなかの寅さんのように、みんなの中心で、また、みんなに慕《した》われてもいました。

倍賞さんは、ふだんでも、渥美さんが「おにいちゃん」です。

倍賞さんが困ったり悩んだりしたときは、よく相談に乗ってあげていたようですし、たまに、倍賞さんが新しいジャンパーを着てくると、渥美さんが「さくら、それいいね」と言うことがあります。すると、次に会うときに、倍賞さんが同じものを買ってきて、それを渥美さんにプレゼント。まるで本物の兄妹のように、同じジャンパーをペアで着ているということもありました。

仲がよかったという点では「社長」の太宰久雄さんでしょう。見かけによらずと言うと失礼になりますが、太宰さんは、本当はインテリで、シャイな人です。でしゃばりの小心者といった役柄とは違って、ふだんは控えめで、オレがオレがというところがありません。渥美さんは、こういう人柄を好みました。

撮影があるとき、太宰さんは必ず、朝、渥美さんの控え室に来て、軽い世間話をするのが日課でした。太宰さんには糖尿の持病があったので、二人の話は、病気談義になることが多かったようです。

いつだったか、二人でこんな話をしていたことがあります。

「どうだい、社長、元気かい」

「ダメだね」

「お前、しょっちゅう、ダメダメって言ってるけど、糖尿のほうは大丈夫か?」

「ダメだよ。もう金いらねえ。金いらねえから、仕事したくねえ」

「そうか、でも、そんなもったいないこと言っちゃいけないよ。世のなか、仕事のない人もいっぱいいるんだから」

「それもそうだな、ぜいたく言っちゃいけねえな」

とりとめのない会話でしたが、これでも十分に、おたがいがおたがいを思いやっていたということが伝わってきます。

●ひと切れのリンゴ

話は少し横道にそれますが、この二人のことで、ふと思い出したことがあります。

渥美さんは、果物では、柿とリンゴが好物で、それ以外はほとんど食べない人でした。イチゴやメロンがあっても口にしませんでした。

毎年、季節になると、それぞれの産地から、柿やリンゴが送られてきます。
それを毎朝、渥美さんに食べさせるのも私の仕事でした。おかげで皮むきが
うまくなって、渥美さんに「お前は、お茶を入れるのと皮むきだけはうまいね
え」と、妙な感心をされたものです。
ただ、渥美さんは、もともと食が細いということもあるのですが、どんな食
べ物でも、ひとりで食べるということをしません。必ずそばにいるスタッフに
おすそ分けします。
太宰さんも、糖尿で「疲れる」「食欲がない」というのを口癖にしていまし
たから、ときどきリンゴをおすそ分けしました。
「社長、このリンゴ食っていけ。糖尿にはリンゴがいいんだぞ」
と、渥美さん。
私が、むいてあったリンゴに楊枝《ようじ》を刺して渡します。すると太宰さんが、
「うまい、うまい、こりゃうめえや」
と、本当に美味しそうに食べるんです。

それで「じゃ、先、行ってるからよ」と、糖尿で具合が悪くなった足を引きずりながら控え室を出て行きます。

あのときの「糖尿にはリンゴがいい」と勧める渥美さんと、そのリンゴを美味しそうに食べる太宰さんの表情が、なぜか私には忘れられません。

二人とも、もう鬼籍《きせき》に入ってしまいましたが、当時から、おたがいに、心のどこかで「先はそんなに長くない」という予感めいたものがあったと思います。それでも、ひと切れのリンゴを通して、慰めあい励ましあう様子には、ほのぼのとしていながら、どこか切ないものが感じられました。

たとえば『とらや』で、みんなが集まっている場面があるとします。

こういうとき、よくあるのは、渥美さんの、

「待ってろ、待ってろ、タコがな、いま、こんな格好して入ってくるぞ」

というセリフです。

そこへ太宰さんが、本当にそんな格好で入ってきて、みんながおかしがってると、それにはおかまいなしに、

「なんだよ、寅さん、また振られたのか」

で、すぐにケンカになる。

この寅さんと社長のケンカのシーンからは、笑いと同時に、どこかしみじみとした情感が私には伝わってきます。

そのように、二人には、気が合うという以上に通じ合うものがありました。

●退屈しのぎの相手は私。でも……

渥美さんは、本当にアドリブの名手でした。それも、出そうなときに出ないで、みんなが予期していないときに、突然、出ます。あのはずし方は見事でした。だから、おかしさが何倍にもなるんです。

これは芝居の話ではありませんが、ときどき渥美さんは、スタッフが打ち合わせをしていて撮影が中断しているようなとき、私のほうを見て、おかしな顔をつくりながら「バカ、バカ」と口を動かすことがありました。渥美さんにとっては、一種の退屈しのぎのようなものだったでしょう。

でも、たまに、それをしつこくやることがあって、そうなると、さすがの私もふくれます。

すると、いきなり、全然関係のない人をつかまえてきて「お前じゃないの」とやるんです。

あまりにも唐突に「お前じゃないの」なんです。

だから、言われたほうはキョトンとしているし、渥美さんはケタケタ笑っているしで、そのコントラストがおかしくて、つい私も、怒るのを忘れて吹き出してしまう……、そういうことが何度かありました。

ついでに私の個人的な思い出を話せば、渥美さんには、女性のことで、からかわれることがよくありました。撮影のちょっとした合間に、私が女性と話していると、渥美さんは、その様子をしっかり見ていて、後で必ず「あれ、誰だい？」と、聞くんです。

しかも、寅さんが映画のなかで、相手が絶対に「違う」と言っても「いや、お前はこうだ」と決め付けるように、私にも、同じことをするんです。

たとえばこんな感じです。

「お前、どうなんだ、そろそろ身を固めたほうがいいんじゃないか」

「そんな人いませんよ」

「よく言うよ、ほら、サッちゃんか、サユリちゃんか」

名前はみんな出まかせです。ときには、そばにいる小道具さんやメイクさんの名前を言うこともあります。でも、そうやってカマをかけながら、私がさっきまで話していた女性の名前はしっかり覚えているんです。それで、最後にズバッと決め付けます。

「あ、そうか。ナツミちゃんか」

これも一種の退屈しのぎのようなものでしたが、ときには、図星で胸にグサッと突き刺さることもありました。

●セリフが頭に入らないなんて！

ただ、渥美さんの人生がしだいに終わりに近づくにつれて、そのように人を笑わせたり、アドリブが飛び出すことも、だんだん少なくなっていきました。最後の二〜三作を撮っていた頃は、そんなことを言おうとする元気さえ失いかけていました。

渥美さんは、自分のことを謙遜《けんそん》して「無学」だと言いましたが、実際はそうではありません。

渥美さんは、本もよく読んでいたし、知識も教養もありました。記憶力だって並外れていました。

寅さんのセリフなんて、一回台本を読んだだけで、ほとんど頭に入ってしまうんです。

控え室で出番待ちのとき、よく私を相手に台本の読み合わせをしましたが、台本を見ている私のほうが間違えて「お前、そこ、違うんじゃないか」と、指摘されることもしょっちゅうでした。

あるとき、どうしてそんなにセリフが頭に入るのかと聞いたことがあります。渥美さんは、ニヤニヤ笑っただけで何も答えてはくれませんでしたが、あれもまさしく才能でした。

でも、その渥美さんが、最後の寅さんでは、二回も三回も読み合わせをやっても、セリフが覚えられなくなってしまったんです。

その頃は、もう歩くこともままならなくて、セットに入るときは、いつも私の肩につかまっているという状態でした。

それで、本番までの間、セットの控え室にいると、必ず私に、

「シノ、もう一回、さっきのセリフやってくれよ」

と、頼むんです。

で、同じ場面の読み合わせを二回ほど繰り返すんですが、それでも頭に入りません。

今でも鮮明に覚えているのは、最後の寅さんのとき、マドンナのリリーさん（浅丘《あさおか》ルリ子さん）の家で、満男と会話するシーンです。

簡単な受け答えはすぐにできても、ちょっと長くなると、一行セリフを言っただけで、すぐにその後がつっかえてしまうのです。そして、焦点が定まらない目で上を見て、じっと考え込んでしまう……あんな渥美さんは、見たことがありません。

それだけ、病魔が、渥美さんの心と体を蝕《むしば》んでいたということなのでしょう。それでも渥美さんは、わずかに残った気力を振り絞るようにして撮影を続けました。

「日本中の寅のファンが、みんな待っていてくれるんだから」

支えたのは、きっとその思いです。

寅さんに懸ける、渥美さんの凄まじい執念を見たような気がします。

渥美さんは、ひたすら寛容だった（左・著者）

第三章

「渥美清」と「車寅次郎」

——日々の積み重ねのなかで追い求めたもの

●なぜ私生活を明かさなかったのか

渥美さんは、都内・代官山《だいかんやま》に事務所代わりの部屋を持っていました。

二DKのあまり生活感のない部屋で、ベッドルームがひとつと居間があって、居間にはテレビと大きなスタンドと、そこら中に本が積んでありました。

ここに立ち入りを許されていたのは、ごく少数のかぎられた人たちで、ご家族でさえ、渥美さんの生前は、ここに入ることはありませんでした。

渥美さんは、目黒区碑文谷《ひもんや》に、自分の家があります。

でも、自宅にいるより、こちらにいるほうが長いのではと思わせるほど、よく、この部屋で過ごしていました。

渥美さんは、もともとミステリアスなところのある人で、とくに私生活にはたくさんの謎がありました。

テレビで、芸能人が自分の家を紹介したり、家族で旅行に行ったりするのを見ると、「いやだねえ」といった表情を浮かべたように、プライベート、とりわけ家族を表に出すことを嫌ったからです。

たまに、仕事が終わって、車で送っていくことがあっても、自宅の前まで行くことはありません。必ず、近くの路上で車を止め、そこから歩いていきました。

ご家族も、奥さまと、息子さんと娘さんがひとりずついるということは知っていましたが、渥美さんの生前にお会いしたことはありません。私だけでなく、大半のスタッフも、共演者もそうだったのではないでしょうか。

私が初めて奥さまの正子《まさこ》さんにお会いしたのは、渥美さんが亡くなって、松竹の大船撮影所で『お別れする会』が行なわれたときでした。

松竹の宣伝部の人に、

「この人が渥美さんにずっと付いていた篠原です」

と、紹介されると、正子さんが、

「お世話になりましたね」

と言って涙をこぼし、私も思わずもらい泣きしたのをよく覚えています。

いつだったか、息子さんが大学を卒業する頃、渥美さんに「息子さんはどこに就職したんですか?」と、聞いたことがあります。

実際はラジオ局なんですが、渥美さんは、

「なんか、しゃべるような会社に入ったって言ってたなあ」

と、はぐらかすんです。

知らない人が聞くと、なんて水臭いんだと思われるかもしれません。私も、そう思ったことがあります。

でも、そのうち、少しずつわかってきました。

有名人の家族は、否応《いやおう》なしに、世間の好奇の目に晒《さら》されます。渥美さんは、きっと、そのような目から、ご家族を守りたかったのだと思います。役者は芝居がすべて、芝居で評価してもらえばいいという考え方もあったでしょう。家族は田所康雄の家族であって、渥美清の家族ではない、ということです。

頑《かたく》なに私生活を明かさなかったのは、やはり、渥美さんが、それが最もご家族を大事にする方法だと思っていたからではないでしょうか。

●自宅以外に「部屋」を構えた理由

ただ、そのように謎の多い人でしたから、代官山のマンションも、生前から、さまざまな憶測《おくそく》を呼ぶことになりました。

ちゃんと自宅があって、そこには家族がいるのに、なぜ、そのような部屋が必要なのかというわけです。

結論を言えば、あの部屋は、クラーク・ケントの「電話ボックス」でした。

クラーク・ケントが、スーパーマンになるために電話ボックスを必要としたように、渥美さんも、田所康雄から渥美清になるために、どうしてもあの部屋が必要だったのです。そして、撮影所に入り、衣装を身に着け、今度は渥美清から寅さんになるのです。

たとえば、朝、家にいるときは、ふつうの夫であり父親である人が、撮影所に入ったからといって、すぐに寅さんになれるでしょうか。

右から左と器用に使い分けられるほど、その差は小さいものではありません。なかには、それをやるのがプロだという意見もあるかもしれませんが、寅さんにかぎらず、そのようにお手軽に出来上がるキャラクターは、そもそもの存在感が薄いと言わざるをえません。

渥美さんが求めていた寅さんは、そのように薄っぺらな寅さんではないし、そんな寅さんでは、きっと、日本中の多くの人が支持し、共感してくれることもなかったでしょう。

渥美さんが求めていた寅さんは、渥美さんが自らと格闘し、作ったり壊《こわ》したりしながら、やがて練《ね》り上げられていくものでした。

そのためには、吸収して血肉《ちにく》としなければならないものもあるし、逆に、削《そ》ぎ落とさなければならないものもあったはずです。家庭人として染み付いた「匂《にお》い」は、きっと、その「削ぎ落とさなければならないもの」のひとつだったのではないでしょうか。

ご家族には「渥美清」を見せず、スタッフには「田所康雄」を見せない。それが渥美さんでした。

渥美さんは、自宅と代官山と、いわば「二重生活」を続けていることについて、ときどき「家族にすまない」と言うことがありました。

「オレには家庭がある。家庭がある以上、本当は、女房や子供のところに帰らなければならないんだ。でも、オレは不器用だからね。他の役者さんは、みなさん、本当によくやっているよ。家族と一緒にね。でも、オレにはできないんだ。家族にはすまないと思うけど、やっぱりできないんだよ」

なぜできないのか。渥美さんの答えは明白でした。

「オレが家庭のなかに入っちゃったら、いまの寅ができるかい？　代官山にいるからできるんだよ」

渥美さんは「不器用だから」と言いますが、理由はそれだけではないでしょう。自分にそのような「二重生活」を強いなければ手に入らないほど、高いレベルで寅さんを追い求めていたということです。

渥美さんは、家庭人である自分と役者である自分の間に、何らかの緩衝《かんしょう》地帯を必要としました。代官山の部屋は、渥美さんが田所康雄から役者・渥美清になるための、ひとつの「装置」だったのです。

●「寅次郎」は、こうして誕生した

そもそも「車寅次郎」というキャラクターは、渥美さんと山田洋次監督の共同作業によって生み出されたものです。

昭和四〇年代の初め頃、あるテレビ局で、渥美さん主演のドラマを作ろうという話が持ち上がりました。このとき、脚本を書くように依頼されたのが山田監督で、二人は、どんなストーリーにしようかと、さんざん真剣に話し合ったそうです。

でも、なかなかこれという企画が生まれません。そのとき、渥美さんが、子供の頃に浅草でよく見たテキ屋たちのことを話し始めたのだということです。

渥美さんは古い記憶をたどりながら、「あんなやつもいた、こんなやつもいた」と、話しました。

これに山田監督が閃《ひらめ》いたのです。

何日かすると、そのときの渥美さんの話が一冊の台本になっていました。

それが『男はつらいよ』の始まりでした。

渥美さんは、それ以前にも、山田監督の作品に出たことがあって、才能のある人と感じていたようですが、このときあらためて、山田監督はすごい人だと思ったようです。

「オレは昔を思い出して、あんなやつもいた、こんなやつもいたって話しただけだよ。柴又の話も、実家がダンゴ屋だなんて話もしちゃいない。それをあんなふうにまとめて、家族までつくっちゃうんだから。山田さんというのは、すごい人だよ」

渥美さんから、何度か、そういう話を聞いたことがあります。

こうして『男はつらいよ』は、初め、テレビドラマとして放映され、のちに映画化されることになりました。

光本幸子《みつもとさちこ》さんがマドンナだった第一作の『男はつらいよ』が公開されたのは、一九六九年夏のことでした。

最後の作品『寅次郎 紅《くれない》の花』が公開されたのが九五年暮れでしたから、寅さんは二五年以上もロングランを続けてきたことになります。

その間、おいちゃんや満男など、レギュラー出演者に一部変更はありましたが、大半は同じ顔ぶれで、前に紹介したように、一作ごとに交流を深めてきました。スタッフにも、長年、寅さんに携《たずさ》わってきた人が多く、渥美さんと山田監督を中心とした、業界用語で言えば『山田組』は、さながら大家族のようでした。

●山田監督との、絶妙の距離感

ただ、そのなかにあって、最後まで「本当は仲がいいのか悪いのか」と思わせたのが、当の渥美さんと山田監督です。

二人は、おたがい求めるようにしていながら、ある種の距離を置いていました。

たとえば、撮影のとき、渥美さんが何かを食べていると、監督が「シノちゃん」と私を呼んで、渥美さんはいま何を食べているのかと聞いてきます。で、私が「アメですよ」と言うと「僕にもちょうだい」。それで、渥美さんと同じアメを喜んで舐《な》めてるんです。

すると今度は、それを見ていた渥美さんが私を呼びます。

「シノ、お前、いま山田さんに何をやったの？」

「渥美さんと同じアメですよ」

「あ、そう」

二人とも、いつも、あまり関心がないように装《よそお》いながら、実はしっかりと、相手のすることを見ていました。私にしてみれば、いちいち私を呼ばないで、直接二人で「何食べてんの」「アメです。食べますか？」「いただきます」という感じでやればいいと思うんです。

でも、二人の間で、そういう会話は成立しません。簡単に言えば、その距離感なんです。遠慮とも少し違うでしょう。

レールの右側と左側のように、決して交わることはないけれど、離れてしまうこともない。それをスタッフや他の出演者が、枕木となって支え、つないでいる。そんな感じでしょうか。

ただ、その距離感は、おたがいが相手の才能を、とことん認めているという前提がなければ成立しません。でなければ、すぐにケンカになってしまいます。

いつでしたか、渥美さんと私が、控え室の窓から何気なく外を見ていると、髪の毛をかき上げながら歩いてくる山田監督の姿が目に入りました。そのとき、渥美さんは、まるでひとり言のように、こんなふうに言ったものです。

「あの人は、何食ってんのかね……」

奇妙な質問でした。私などには、まるで渥美さんの真意がわかりません。それで、ただストレートに「普通の人と一緒でしょ」と言ったのですが、それに対する渥美さんの答えが傑作でした。

「いや、きっとそうじゃないよ。普通の人と一緒なら、あんなに頭よくなれないよ。たとえばな、米を斜《なな》めに嚙《か》むとか、縦に嚙むとかよ、あの人のことだ、きっとそんなことしてるぞ」

渥美さんの「米を斜めに」という表現があまりにおかしかったので、私は思わず笑ってしまいましたが、その言葉のなかに、渥美さんの、根本的な山田監督に対する評価があったように思います。

渥美さんにとって山田監督は、とてつもなく「頭のいい人」だったのです。

同時に渥美さんは、山田監督がいかに努力家かも知っていました。

その話の続きで、こんなふうにも言ったものです。

「山田さんはな、ロケバスに乗ると、いつも一番後ろに座るんだってよ。それでな、いつも下向いて何か書いてるんだって」

「何書いてるんですか？」

「脚本だよ。あの人は、そうやって若いときから勉強してたんだ。人間、成功するには運もあるしツキもある。でも、最後はやっぱり努力だな」

渥美さんは、おそらく、山田監督に、面と向かってそのように言うことはなかったでしょう。でも、心のなかでは、ずっと「偉いよ、たいしたもんだ」と思い続けていたのです。それは山田監督に対する最大級の賛辞でした。

当然、その気持ちは山田監督にも伝わっていたはずだし、同時に、立場こそ違え、山田監督も、同じように渥美さんを「偉いよ、たいしたもんだ」と思い続けていたのではないでしょうか。

もしかすると、二人の間にあった距離は、そうした信頼の証《あかし》だったといえるのかもしれません。

人間と人間の関係には、一定の距離を置いたほうが、かえって快適で、良好な状態を保てるということがあるものです。二人とも、そのことを十分すぎるほど理解した「大人」でした。

加えて、もうひとつ、二人がよくわかっていたのは、一方にとって一方が必要不可欠な存在だったということです。監督が山田さんでも、寅さんが渥美さんでなければ、あるいはその逆でも、寅さんは「国民的映画」と言われるほど多くの人に愛され、これほどのロングランを続けることはなかったでしょう。たとえ直接の会話は少なくても、おたがいの存在を、一番よく理解し認め合っていたのは、ご本人たち同士といえるのかもしれません。

●渥美さんにとってのエネルギー源とは

それにしても、寅さんというひとつの役に、二十数年です。それだけ長いと、すぐに「マンネリ」という言葉が思い浮かびますが、寅さんが恋して振られるという基本設定は変わらないのですから、もし「マンネリ」があったとしたら、観客はとっくに寅さんを見放していたのではないでしょうか。

反対に、これだけのロングランを続けながら、マンネリに陥《おちい》ることがなかったとすれば、渥美さんの役者としての技量がそれだけ際立《きわだ》っていたということもありますが、同時に、渥美さんが、まさに骨身を削《けず》る思いで、寅さんという役に取り組んできたことを物語っているとも思います。

渥美さんは、もともと人を笑わせることが大好きだったと言います。

若い頃、舞台に出て、お客が笑ってくれると、今度はもっと面白いことをやって笑わせようとする、それで笑ってくれると、さらに、もっともっとと考える。渥美さんは、そういう毎日が楽しくて仕方なかったと言います。そして、そうやってどんどん芸人としての力をつけ、とうとう、舞台に出てくるだけで笑ってもらえるようになった……。

人に笑ってもらえる、喜んでもらえるということは、渥美さんの役者人生のエネルギー源のようなものでした。

もちろん、若い頃から、芸人としての素質は群を抜いていたようで、その一端を示すこんなエピソードがあります。

渥美さんは、晩年、肝臓の病で苦しんでいましたが、渥美さんの周囲には、あと二人、同じ病気で苦しんでいる人がいました。寅さんのスタート時からカメラマンだった高羽哲夫《たかはてつお》さんと、寅さんファンクラブの事務局長だった清水《しみず》さんという人です。

この清水さんは、裁判所の書記官でしたが、もともとは、渥美さんと同じ、大衆演劇の劇団に所属する役者だったそうです。

渥美さんは、当時の清水さんに記憶があったらしく、初対面のときに「あなたは昔、○○劇団にいた○○という役者じゃなかったかい」と言って、清水さんも、まわりにいた人たちも驚かせたものでした。渥美さんにしてみれば、それだけ強い思い出が残っていたのでしょう。

それから、清水さんの、なぜ役者をやめて書記官になったかという話が始まったのですが、驚くことに、その原因が渥美さんでした。

清水さんが言うには、当時から、渥美さんの芸があまりにうますぎたそうなのです。それで、こんなにうまい芸人がいたのでは、この世界では勝負にならない、そう思って劇団をやめ、大学に入り直して書記官になったそうです。

大げさに言えば、当時の渥美さんの芸が、ひとりの男の人生まで変えてしまったわけです。

この清水さんと渥美さん、それに高羽さんの三人は、同じ病気で苦しむ「病気仲間」でしたから、よく、三人で情報交換をしたり、慰めたり励ましあったりしていたそうです。

でも、第四六作のとき清水さんが亡くなり、第四七作を撮り終えて高羽さんが亡くなりました。第四八作を最後に渥美さん本人が亡くなるわけですが、年齢も近くて、同じ病気を持っていた仲間が次々と先に逝《い》くことを、渥美さんがどうとらえていたかと考えると、何か、切ないものがこみ上げてくるような気がします。

ともあれ、渥美さんは、若い頃から、そのように才能に恵まれた人でした。

●読書、映画、そして芝居見物の日々

役者の世界は、なによりも慢心が禁物だと言います。

渥美さんは、当然そんなことはわかっていたし、もとより、人間的に慢心するタイプではありません。むしろ、そういうタイプの人間を最も嫌っていたと言えるのではないでしょうか。

だから、寅さんは、渥美さんの才能だけに寄りかかって、これほど長く続いたわけではありません。

渥美さんは、才能豊かであると同時に、努力の人でもありました。少なくとも私の目にはそう映りました。

前に、渥美さんの代官山の部屋には、本が山のように積んであったと書きましたが、そこにはありとあらゆるジャンルの本があって、ブレヒトという劇作家の『演劇論』などという難しいものもありました。

あるとき、何を思ったか、渥美さんが、そのブレヒトを、私に「読んでみな」と言うんです。

渥美さんは以前、映画で金田一耕助《きんだいちこうすけ》をやったことがあって、その縁で横溝正史《よこみぞせいし》の作品はほとんど持っていました。それを何冊かいただいたことはありましたが、それくらいなら私にもわかるんです。けれど、ブレヒトなんて、とてもとても手に負えません。何行か読んだだけで頭が痛くなるしまつです。

それで、しばらくして、渥美さんに「どうだった?」と聞かれたので「どこがわからないのか、わからないくらいに難しかった」と答えると、渥美さんは、

「そうだよな。あれがわかったら博士だよ」

と、笑いながら言っていました。

渥美さんが、あのブレヒトを、どこまで理解していたのかはわかりませんが、渥美さんの興味や関心が、そのような高いレベルにまで及んでいたことはたしかです。

映画や芝居にも、よく足を運びました。

私も何度か同行したことがありますが、渥美さんは映画館に行っても、映画がつまらないと、一五分もすれば「次へ行こう」と言って出てきてしまうんです。

人から聞いたところ、渥美さんには、映画は最初の一五分で、これから面白くなるかどうかがわかるのだということでした。

芝居も、大劇場の話題作だけでなく、観客数の少ない小さな劇場のものまで、実に細かくアンテナを張り巡らせ、フォローしていました。

ただ、劇場の大小を問わず、渥美さんは行けばやはり目立つし、渥美さんが見ているということで、出演者によけいな緊張や気遣いを強いる可能性もあります。渥美さんは、そうなることを嫌いました。たまに、観客が渥美さんに気づいてざわざわしてくると、次の幕のときには、わざわざ隅っこの目立たない席に移動したものでした。

だから、行くときは必ずお忍びです。

しかも、招待状をもらっても、絶対にいついつ行くとは言いません。終わったあと、楽屋に顔を出すということもしません。いつもこっそり入って、こっそり帰るんです。「おばちゃん」の三崎千恵子《みさきちえこ》さんの芸術座のときもそうだし、渥美さんがひいきにしていた『東京乾電池』のときもそうでした。

自分は、劇場に入ったら、他の多くの観客と同じように、ただのひとりの客でいいし、その目線で芝居が見たい、渥美さんのその姿勢は徹底していました。そこに最もナマの批判があり、ナマの感動があると思っていたのでしょう。

人間の幅や厚みについて語るとき、よく「抽斗《ひきだし》の多さ」と表現しますが、渥美さんは、そのような日々の積み重ねのなかで、抽斗を増やし続けていたのです。

渥美さんにしてみれば、それは別に努力ではなく、ただ単に好きだからそうしていただけなのかもしれません。しかし、たとえ直接的にではなくても、少なからず、寅さんの演技やアイデアにも取り入れられていたのではないかと私には思えるのです。

●「だんだん、寅に追いつかなくなっちゃったなあ」

それでも、世のなかのすべてのものがそうであるように、形あるものにはやがて終わりが来ます。

寅さんだって、その宿命から逃れることはできません。

思えば、撮影現場に「終わりの予感」が漂《ただよ》い始めたのは、第四五～四六作あたりからでした。

悲しいことですが、その頃から、渥美さんの衰えが、急速に目立つようになってきたからです。

午前中はいいのですが、午後になると、渥美さんは調子が落ちました。肌からも声からもハリが失われて、急に老人の雰囲気が漂い出すのです。もちろん、そのことは本人も知っていました。

まわりも、渥美さんの撮影は、できるだけ、午前中の調子のいいときにしようとしましたが、映画はいろいろなことが同時に進行していますから、必ずしもそのとおりにはなりません。だから、たまに、撮影の段取りで午前中の予定がポッカリ空くと、渥美さんはしきりに「もったいねえなあ」と残念がっていました。

もともと寅さんは、渥美さんが子供の頃に見たテキ屋たちの集約体です。渥美さんの思い出話から生まれたキャラクターですから、かつて「四五度の焼酎をメシがわりに飲んだ」若い頃の、渥美さん自身も反映されていたでしょう。

そんな寅さんが、渥美さんにとっては「憧れだった」といいます。自分とイコールの部分もかなりあったし、若い頃は、瞬時に寅さんになれたこともあったといいます。全然違う話をしていても「渥美さん、出番です」と声がかかれば「ヨッ、さくら」と、自然に得意のセリフが出てくることもあったのです。

でも、寅さんの年齢と自分の実年齢がどんどん離れていくにつれて、しだいに、寅さんになるのに時間がかかるようになりました。

いつだったか、その状況を、渥美さんは、

「だんだん、寅に追いつかなくなっちゃったなあ」

と、淋しそうに話していました。

「誰もわからないだろうけど、オレにとって、寅は高い舞台なんだ。よいしょっと、力を入れて上がらなければ、なかなか寅にはなれないんだよ。若い頃はそれでもよかったけど、年とってくるとな、その高い舞台が、ますます高いものに見えてきた。上がるだろ、で、一回降りるだろ、すると、次にまた上がるのが大変なんだ」

渥美さんが、いかに精魂込めて、寅さんに取り組んでいたかを物語る言葉です。

寅さんになるのは、それだけエネルギーのいることでした。

渥美さんが、代官山の部屋を、なぜ必要としたのかも、これでわかっていただけるのではないでしょうか。

あの空間で、あえて無為な時間を過ごすことで、渥美さんは、田所康雄も渥美清も分解し、再び寅さんに組みなおすという、孤独な作業を続けていたのです。

「不器用だった」というだけではありません。渥美さんが、それだけ高いものを求めたからです。

誤解を恐れずにいえば、渥美さんは、寅さんによって、寿命を縮めることになったのかもしれません。

でも、寿命を縮めるほどひとつのことに打ち込めたのだとしたら、これほど素晴らしい人生はないともいえるのではないでしょうか。

私ごときがこう言うと、渥美さんはきっと「バカだねぇ」と笑うでしょう。

でも、バカでもいいんです。私は、渥美さんが、そのように人生を全《まっと》うした人だと、心から信じているのですから。

「寅さん」というひとつの役に、格闘し続けた

第四章

老いることと死ぬこと

——病を抱えながらも、なぜ最後までロケに臨んだのか

●もう寅さんはできないよ

寅さんの第四五作（『寅次郎の青春』）を撮影していた頃、渥美さんがポッリとこう洩《も》らしたことがあります。

「いい年してね、いつまでも、女のケツばかり追いかけてちゃいけないよな」

言うまでもなく、寅さんは、いつもマドンナの女性を追いかけては、振られてばかりいます。見ようによっては「カッコ悪い」のでしょうが、それが寅さんの魅力だし、そもそもその設定がなければ、寅さんは成り立ちません。

おかしなことを言うなぁとは思いましたが、あまり深刻な感じではなかったので、私は「しょうがないでしょう」と答えました。でも、いま思えば、渥美さんが「寅はできない」という意味のことを言い出したのは、この頃からだったかもしれません。

その言葉は、いつしか渥美さんの口癖のようになっていましたが、私は、それだけ深刻に、渥美さんが肉体的な衰えを感じるようになっていたのだと思います。

第四六作(『寅次郎の縁談』)を終えたときもそうでした。

寅さんは、毎年暮れになると、丸の内の松竹のそばで、出演者やスタッフが集まって打ち上げをやるんですが、そのときも、私が帰り際に「次回もよろしくお願いします」と挨拶すると、

「シノ、オレはもうできないよ」

と、弱音を吐いたものです。

私が、

「渥美さんがやってくれないと、僕、生活に困っちゃうから」

と言うと、

「そうか、オレはお前の給料だもんな。じゃ、またやんなきゃなんないのか」

と、冗談めかして話していましたが、あれもただの冗談ではありませんでした。

渥美さんは、若い頃大病したせいか、元気な頃から「オレは長くない」「もう死ぬ」というのを口癖のようにしていました。第四五〜四六作の撮影中も、何度もその言葉を聞きましたが、私はもう、以前のように、それを笑ったり茶化したりできなくなっていました。とても「悪い冗談」として、聞き流すことができなくなっていたからです。

最後の第四八作のロケ中には「もう本当にできない」と、弱々しい声でしたが、はっきりと言いました。

「お前から見りゃ、オレは給料みたいな顔してるかもしれないけど、できないよ」

と。

私は返す言葉さえ失って、黙って、ただ俯《うつむ》いていることしかできませんでした。

●細った首に巻いたマフラー

それ以前から、渥美さんの体に、何か重大な異変が起きていると、感じることが増えていました。

いかにも辛《つら》いという表情を見せることが増えたし、それまでにはなかった足の痛みを訴えることもありました。

なにしろ、ロケに行ったとたん、

「なあ、シノ、オレは早く帰りたいよ」

なんて言い出すのです。

それも一度や二度ではありません。

そして、ゴロンと座布団を枕にして寝てしまう……。

よく見ると、恐ろしいほど足がむくんでいたり、手が腫《は》れていたりするんです。

首のシワも目に見えて増えてきたし、声もしゃがれてきました。

とくに午後四時を過ぎると、急激に疲れが表情に出るようになりました。だから、渥美さんの撮影は、基本的に午後四時までで、よほどのことがないかぎり、夜の撮影というのはありませんでした。

ファンの方は、四六作目あたりから、渥美さんが首にマフラーを巻き始めたのが記憶にあると思います。あれは寒さを防ぐためだけではありません。首がどんどん細ってきて、そこに最も、老人の雰囲気が漂うようになってきたからです。

渥美さんはよく「役者は年をとっちゃいけない、それはお客さんに失礼だ」と言っていました。病んでやせ細った首を人前に晒《さら》すのは、やはり耐えられなかったのです。

声にも異変はありました。

とくに第四八作のときは、渥美さんの撮影が終わると、録音部さんがしきりに首をかしげるのです。

原因はすぐにわかりました。

撮影を見ているだけでは気づかないのですが、マイクを通すと、渥美さんの声が割れるんです。

けれども、撮影スタッフが主役の渥美さんに、面と向かってそれを指摘することはできません。いえ、声が割れていることは、渥美さん自身がわかっていたことだと思います。

ただ、このときの私はどうしていいものやら訳もわからず、とり急ぎ渥美さんに、うがいをするようにお願いしただけでした。

●腹巻に忍ばせていた「命綱」

ご存知のように、寅さんは、素足に雪駄がトレードマークです。それが寅さんが「渡世人」であることを演出する、貴重な小道具にもなっていました。

でも、最後の寅さんで、歩くのもやっとという状態になると、やはり、素足に雪駄は辛かったろうと思います。それでも、渥美さんが寅さんになろうとする以上、靴を履くわけにも、靴下を穿《は》くわけにもいかないのです。

出番が終わってから、冷え切った渥美さんの足をさすり、温《ぬく》もりを取り戻すのも私の役目でした。そんなとき、ふと渥美さんの「もうできないよ」という言葉を思い出して、涙が出るほどかわいそうだと思ったこともありました。

前にも書いたように、この最後の寅さんの津山ロケで、私は渥美さんの口から「オレはガンだ」と聞かされていました。なのになぜ、衰えた体に鞭《むち》打つようにして、こんなにがんばらなければならないのかと、何度思ったかわかりません。

第一章でも記しましたが、渥美さんは、あの寅さんの腹巻のなかに、いつも病院から渡された薬を忍ばせていました。

肝臓にはいい薬があるとか、いい治療法があるとか、いろんな人に勧められたということですが、渥美さんは、そういう話にはまったく耳を貸そうとはしませんでした。自分がこれと決めたら、とことん貫《つらぬ》く、そのあたりは徹底した人でした。

薬がどんな種類のものかと、直接渥美さんに聞いたことはありませんが、おそらく、抗ガン剤と痛み止めではなかったでしょうか。

渥美さんにとっては、仕事を続けるための命綱のようなものです。だから、撮影が終わってホテルに戻り、トレーナーに着替えるときは、必ず私に「シノ、腹巻のなか、ちゃんと確認しといておくれよ」と言ったものです。

最後の寅さんのときは、一日に三回、それを飲んでいました。いつも、人目をはばかるようにしてです。その渥美さんの姿には、やはり見るに忍びないものがありました。

それでも、ロケのスケジュールがきつくてストレスが溜まるようなときは、薬の効き目も薄かったのではないでしょうか。眉間《みけん》の、いつもはシワのないところにシワを寄せてみたり、本当に辛そうにしている渥美さんの姿を、私は何度見たかわかりません。

●「いやだいやだ、早く帰りたい」

人間は、体力が衰えると気力も萎《な》えると言われますが、渥美さんにも、そう感じさせる出来事がありました。

最後か、その前の寅さんだったと思いますが、ロケで地方の旅館に入ったときのことです。

渥美さんは、部屋に入ると「疲れた」と言って、そのままゴロンと横になったので、私はゆっくり寝かせてあげようと思い、部屋の外に出て時間をつぶしていました。

それから一時間も経ったでしょうか。突然、旅館の館内放送から、

「渥美さんのところの篠原さん、至急、フロントまでお越しください」

というアナウンスが聞こえました。

何事かと思ってフロントへ行くと、「渥美さんが探している」と言うのです。

私はあわてて渥美さんの部屋へ飛んでいきました。

すると渥美さんが、

「シノ、あと何日で帰れるんだい？」

と、聞くんです。

そこには到着したばかりだったので、私が「いま来たばかりじゃないですか」と答えると、渥美さんは、

「いや、オレはもう、ここに何日もいたんだよ。疲れちゃっていやだよ。早く帰ろうよ」

まるで駄々っ子のようでした。

結局、夢を見ていたということでしたが、渥美さんの「帰りたい」という気持ちは変わりません。

「ああ、いやだいやだ、ほんとになぁ、早く帰りたいよ」

と、何度も言うのです。

「オレはもう、生きているのが不思議なくらいだよ。しんどくてたまらないん

だ。でも、誰もわかっちゃくれないよな。あーあ、誰かオレに代わって、寅をやってくれるやつがいないかねぇ。無理だよなぁ。オレはいったい、いつまで生きていられるんだろう……」

あんな弱気で投げやりな渥美さんは見たことがありません。

渥美さんは、いわば「矜持《きょうじ》の人」です。

口には絶対に出しませんが「オレは渥美清だ」という強い矜持が、渥美さんの支えであり、言動の指針にもなっていました。それが、決して傲《おご》らず、素朴で腰の低い、渥美清という人物像をつくり上げていたのです。

でも、その矜持さえが、あのときの渥美さんからは失われていました。

辛いときには、なりふりかまわず嘆きたい。誰でもいいから、そばにいる人間を相手に愚痴《ぐち》を言いたい。そんな、どこにでもいる普通の男のようになっていました。

渥美さんに取り付いた病は、渥美さんが渥美さんであるための、最後の一線まで侵《おか》そうとしていたのです。私は、渥美さんが直面している現実の厳しさを思い知らされたようで、身震いするような恐怖と寂しさを感じたものです。

●無理をして食べた焼き肉

最後の寅さんの頃、渥美さんの体調は、「悪いとき」と、「さらに悪いとき」があるだけでした。

前に書いた神戸ロケのときは、その最悪のときです。

きっと痛くて苦しくて、意識さえも朦朧《もうろう》としていたのではないでしょうか。それでも、かろうじて撮影が続けられたのは、渥美さんの、寅さんがやれるのは自分しかいないという強い思いだったと思います。

食も細る一方でした。

昼休みになって、みんなが食事に行くときも、渥美さんに何を食べるかと尋ねると、決まって、

「メシは食いたくない、それより横になりたい」

と、言ったものです。

ただ、一度だけ、そのロケ中に、大勢のスタッフと焼肉屋へ行ったことがありました。

神戸の『南大門《なんだいもん》』という焼肉屋さんが、好意で招待してくれたときのことです。

でも、お店に向かう途中、トイレに行くというのでついていくと、便器を指しながら、

「シノ、見てごらん」

見ると、おしっこがほとんど赤に近い茶色でした。

「渥美さん、こんなに赤っ茶けたおしっこして、大丈夫ですか?」

と、聞くと「へへヘッ」と笑いながら、

「もうダメだよ」

私は二の句が継げなくなりました。笑いに紛《まぎ》らわせた渥美さんの気持ちが、痛いほどよくわかったからです。

本当は、焼肉を食べようという気持ちも元気も、渥美さんにはなかったのだと思います。

でも、自分が行かないと、せっかく招待してくれたお店に申し訳ないし、楽しみにしていたスタッフもしらけさせると思ったのでしょう。自分の体調がそれほど思わしくないときでも、渥美さんは、まわりにそういう気遣いをする人でした。

それに、私はもう一〇年以上もそばにいるのに、渥美さんが肉を食べるのを、ほとんど見たことがありません。それでも、このときは、

「うん、これは上もんだ。こういう肉はなかなか口にできないよ。きっと、このご主人が無理したんだね」

と、お店の人を喜ばせて、自分でも、肉を五切れほど食べていました。ごはんも、小さなお茶碗《ちゃわん》に一膳ほどは食べました。たったそれだけでも、ふだんの渥美さんと比べれば食べたほうです。私は、その渥美さんの様子を見て、うれしいようなホッとしたような気分になったものです。

ただ、その食事の後にも、腹巻のなかから薬を取り出して、まわりには気づかれないようにして飲んでいました。

渥美さんの「いま」を端的に映し出すような、悲しい光景でした。

●「老い」という重荷を背負って

「体調が悪い、だからもうできない」

みんなの前で、ひと言そう言えれば、どれほど楽だったでしょう。でも、渥美さんは、そのひと言だけは、口が裂けても言うような人ではありません。

なにしろ、最後の第四八作であれほど辛い思いをしながら、死の瀬戸際でも次回作の話をしていたというのです。

渥美さんが、以前、私に話してくれた、こんな話を思い出します。

「オレの体はオレひとりのものじゃない。毎年、暮れになるとね、全国の寅のファンのみなさんが、オレを待っててくれるんだ。オレはその人たちのものでもあるんだ」

たしかに寅さんは、渥美さんのものでも、山田監督のものでもない、巨大な存在でした。あえて言うなら、寅さんを支持してくれる観客全員のものだったと言えるでしょう。

たくさんの観客が、寅さんを見て、泣いたり笑ったり感動したり、明日からまたがんばろうという気持ちになったりしてくれるのです。しかも、一本見終わると、また次もと期待してくださる……。

人を笑わせ、喜ばせることが何より好きという渥美さんが、この大きな期待を裏切れるでしょうか。それは絶対にできません。多くの観客が「ご苦労さん、もう終わってもいいですよ」と言ってくださるまで、寅さんをやめることはできなかったのです。「オレの体はオレひとりのものじゃない」というのは、おそらくそういうことでしょう。

その意味で、寅さんは、渥美さんの生きがいであり、誇りであると同時に、もしかすると重荷でもあったのかもしれません。とりわけ、老いて病んだ渥美さんにとってはです。

意味のない自問だとはわかっていますが、ときどき「もし、渥美さんが寅さんじゃなかったら」と、思うことがあります。

寅さんじゃなかったら、渥美さんは、もっと実年齢にふさわしい役柄も演じられたはずだし、「いい年して女のケツを……」などと自嘲《じちょう》することもなかったはずです。

寅さんが、マドンナを追いかけ、最後は振られるという設定である以上、渥美さんは、つねに、恋をするのが少しも不自然ではない年齢の男であり続けなければなりませんでした。実年齢では、すでに還暦を越え、老境に入っていた渥美さんにとって、これは容易なことではなかったはずです。

渥美さんは、病気だけでなく、全身にひたひたと取り付いた「老い」とともまた戦っていました。

最後の寅さんの頃、渥美さんは、

「オレにはもう無理だ」

と、しきりに言うことがありました。それは単なる弱音ではなく、渥美さんにとって「老い」がいかに重荷になっていたかを、物語る言葉だったとも思います。

もし寅さんでなかったら、それほどそのイメージにとらわれる必要がなかったら、たとえば年相応の老け役《ふ》をするなど、渥美さんは「老い」を味方につけることもできたはずです。

でも、私のこんな考えは、きっと渥美さんには「バカだねえ」と一笑に付されてしまうでしょう。

渥美さんは、一般論などではとうていとらえきれない、大きな人でした。私のこの考えには、その視点が抜けています。わかってはいるのです。ただ、わかってはいても、このような繰言《くりごと》を言いたくなるほど、私は渥美さんに、もっともっと生きていてほしかったのです。

よく、「芸人は舞台の上で死ぬのが本望」と言う人がいます。人を泣かせたり笑わせたりするためなら、たとえ命をすり減らしてでもがんばれるということです。渥美さんも、もともと浅草育ち。骨の髄《ずい》まで、その「芸人魂」が染み付いていた人です。

寅さんはよく「バカは死ななきゃ治らない」というセリフを連発していましたが、その言葉を借りるなら「役者も死ななきゃ……」ということでしょうか。

●私の胸騒ぎ、そしていやな予感

渥美さんには、とくに所属する事務所がありません。以前『渥美清事務所』という個人事務所を構えたことがあるという話でしたが、畳んだのだそうです。以来、仕事は松竹の宣伝部が窓口で、寅さんのときだけ、私がそばに付くことになっていました。

ただ、寅さんの仕事がないときでも、月に一度か二度は、代官山に電話して、渥美さんと連絡を取るようにしていました。

渥美さんは、ひとりでいるのが好きなくせに、淋しがり屋でもありましたから、私がたまに電話すると、とても喜んでくれたものです。

一九九五年に最後の寅さんを撮り終えて、暮れに恒例の打ち上げをやってからも、渥美さんとは、何度か電話で話をしました。

ところが、翌九六年の夏、急に、連絡が取れなくなりました。

七月の終わりごろだったと記憶していますが、私が何度電話しても、留守番電話のメッセージが流れるだけで、まったく音沙汰なしになってしまったのです。

それまでも、渥美さんが代官山の部屋にいないことはありましたが、留守電にメッセージを入れておけば、必ず渥美さんから電話が来たものです。でも、このときは、いくらメッセージを入れても、電話がかかってきません。

いやな予感がしました。

そしてその予感は、私の気持ちを、しだいに、いやなほうへいやなほうへと向かわせました。

実は、その少し前、私は渥美さんに卵を送っていました。

私の家の近所の養鶏場で採《と》れたもので、普通の卵よりサイズが大きく、渥美さんが好きだったから、よく代官山に送ったり、撮影に入ると、持っていって食べてもらったりしていたのです。

卵を送ったときは、いつも「シノ、ありがとよ」と電話が入りました。

でも、その電話さえありません。

いやな予感といえば、思い当たることがまだあります。

鎌倉《かまくら》の豆屋の主人でゲンさんという人がいます。

映画好きで、渥美さんとも懇意《こんい》にしていて、撮影があるときは陣中見舞いに来たり、ふだんのときでも、豆の煮たのや佃煮《つくだに》などを渥美さんに送ってくれたりしていました。

ある晩、私が卵を送る少し前のことですが、そのゲンさんから電話がかかってきました。

ゲンさんは、このところ、渥美さんからよく電話がかかってくるのだけれど

「どうも、様子がおかしい」と言うんです。

どうおかしいのかと私が聞くと、

「全然、元気がなくて、疲れたような声で『オレはもうダメだ、疲れて仕事ができない』とか、そんなことばかり言う」

まさか渥美さんがガンだとは言えないので、私は「大丈夫だよ、ちょっと疲れただけじゃないか」と、一応、ゲンさんには答えておきました。

でも、そうは言ったものの、私自身は、寅さんの撮影中の渥美さんを思い出して、胸がざわつくような感じを抑え切れませんでした。

●「元気かい？」――最後の電話

その翌日のことです。

私がちょっと出かけている間に、留守番電話にメッセージが入っていました。

それが、どうにもおかしいんです。

ふつう、留守電のメッセージというのは、とくに用事がなければすぐに切れるものですが、無言のまま、かなり長い間があって、突然、プツンと切れているのです。

誰だろうと思いました。そして、すぐに、もしかしたら渥美さんかもしれないと思いました。

ゲンさんに「疲れた、仕事ができない」と言うくらいだから、よほど肉体的にも精神的にも参《まい》っているのではないか、それで、誰かと話すことで、少しでも気を紛《まぎ》らわそうとしたのではないかと思ったのです。

黙っていても汗が吹きだしてくるような、暑い日でした。

渥美さんは、暑さに弱い人でしたから、この暑さはきっとこたえているだろうと思うと、さらに心配は募《つの》りました。

夜になって、また電話が鳴りました。

出ると、やはり渥美さんでした。

「シノかい？」

「はい。渥美さん、どうしました。心配してたんですよ」

「お前、元気かい？」

「ぼくのほうは、おかげさまで」

「そうかい、よかったな。オレは疲れちゃってよ」

「何ですか、そんな弱気な……。どっか行くんなら、これからでも付き合いますよ。顔見せろといえば、すぐにでも飛んでいきますよ」

「ありがとよ。でも、いいんだ。ちょっとお前と話したかっただけだから」

「何の話ですか？」

「うん、いいよ、また電話するから」

そんな、短くて、とりとめのない会話でした。

でも、ゲンさんが話していたとおり、声に元気がなかったし、どことなく様子もおかしいと思ったので、私は少しでも元気を取り戻してもらおうと、前に書いたように、次の日一番で、渥美さんに、好きな卵を送ることにしたのです。渥美さんが、突然、胸の痛みを訴えて入院する一週間くらい前のことでした。

まさか、それが渥美さんとの最後の会話になってしまうとは……。

渥美さんは、あのとき、私に「世話になったな」とでも言いたかったのでしょうか。それはよくわかりません。ただ、少なくとも、心のどこかで、自分の命が燃え尽きようとするのを感じ取っていたのではないでしょうか。

だから、特別な用事もないのに、ゲンさんに電話して、次に私に電話して、とりとめのない会話をした。話の中身に意味なんてなかったんです。ただ、私やゲンさんと、何か言葉のやり取りをするだけでよかったんです。そのとき、そうしなければならない何かを、渥美さんは感じていたということでしょう。

あれが最後の会話になるのなら、もう少し長く、もっといろんな話をしておけばよかったという後悔はあります。

でも、一方で、あれはあれでよかったのかもと思います。あんなとりとめのない会話でも、私は十分に、渥美さんの思いやりと、言葉以上のメッセージを感じ取ることができたからです。最後の最後に「ちょっとお前と話がしたかった」と言ってもらえただけで、私は十分に満足なんです。

●訃報《ふほう》。それから……

渥美さんが亡くなったという知らせは、八月六日の午前一〇時頃「おばちゃん」の三崎千恵子さんからの電話で知りました。

「シノちゃん、あんた、知ってる?」

「何ですか?」

「渥美ちゃんが、渥美ちゃんが……」

「どうしたんですか?」

「亡くなったんだよ」

最初は悪い冗談だと思いました。いや、そう思いたかったというほうが正確かもしれません。

でも、三崎さんは「本当なんだよ」と言ったきりで、ただ泣くばかりです。

私の心のなかを、唐突に「渥美さんが死んだ」という事実が駆け巡りました。

どこかである程度は予想していたし、覚悟もしていたことでした。でも、やはり、目の前に、現実として突きつけられると意味が違ってきます。

私は激しく動揺しました。

でも、かろうじて、それが本当かどうか確かめようとする冷静さだけは残っていました。私はすぐに松竹に電話して、宣伝部の担当者に確かめました。

「渥美さんが亡くなったって？」

「うん」

「いつ？」

「二日前、連絡を受けて監督が行ったときは、もう骨になっていたって」

「じゃ、それまで、誰も知らなかったの」

「家族以外はね」

「オレ、これからどうしたらいいの……」

それだけ話すのがやっとで、最後は涙声になっていました。

頭のなかが真っ白になりました。

自分の体から背骨が抜き取られでもしたような、激しい喪失感が押し寄せました。

それからはもう、泣けて泣けて……。一生の涙を半分くらい流したのじゃないかと思うくらい泣き続けました。

最後はとうとう目が痛くなって、涙が一滴も出てこなくなりました。涙が涸《か》れるというけれど、あれは本当だったんだなあと、何も考えられなくなった頭で、そんな妙なことを思ったりしていました。

渥美さんは、その一カ月ほど前に次回作の話をしていたそうです。

正確には、六月三〇日、山田監督や寅さんのおもだったスタッフと食事をする会でのことでした。このとき渥美さんは、あくまで「こんなオレでもいいんだね」という姿勢だったそうです。タイトルは『寅次郎花へんろ』で、マドンナは田中裕子《たなかゆうこ》さん、ゲストは西田敏行《にしだとしゆき》さん、ロケ地も高知と決まっていたということです。

山田監督は、すでに脚本を書き始めていたそうですが、渥美さんの急な逝去で、その第四九作は幻と終わってしまいました。

ちなみに、その四九作の代わりに撮ることになったのが『虹をつかむ男』です。西田さんと田中さんが主演で、しかも「寅さんファミリー」のほとんどの人たちが出演しましたから、「幻の第四九作」に出演予定だった人たちが、そっくりそちらにまわったことになります。

それにしても、あの体で、よく渥美さんは、四九作目を撮ることを承諾したものです。「オレの体はオレひとりのものじゃない」という言葉には、それだけ重い意味と決意が込められていたということでしょうか。

渥美さんが亡くなった後、永六輔《えいろくすけ》さんが書かれた追悼《ついとう》手記のなかに、渥美さんのこんな言葉が紹介されています。

「ボクサーはいいよね。セコンドがタオルを投げるから。でも、役者はそうはいかないもんね」

誰もタオルを投げてくれないという渥美さんと、しきりに「疲れた」「できない」という渥美さんが重なります。

渥美さんは、本当に背負うものが多すぎました。でも、その背負うものの多さが、渥美さんにとっては「役者冥利《みようり》」ということだったのかもしれません。

「全国のファンが、寅を待っていてくれる」

第五章

晩節を生ききる

――「そのとき」を迎えるまで

●震えながら残した「遺言」とは

渥美さんの死が世間に公表されたのは、私がその事実を知った翌日、八月七日の夕方でした。

実際には四日に亡くなっていたわけですから、三日間、公表を控えられていたことになります。

私も後で知ったことですが、それが渥美さんの「遺言」だったからです。

ただ「遺言」といっても、仰々《ぎょうぎょう》しく文書として残されたものではありません。

生前、渥美さんが、折に触れて語ったことを、ご家族が「遺言」として記憶にとどめていたということです。

もともと「オレはもう長くない」を口癖のようにしていた渥美さんです。覚悟はとっくにできていて、あとは、いかに自分らしい死を迎えるかと、考え続けていたということでしょうか。

前に書いた「戒名は付けるな」というのも、そのひとつです。

他に、

「最期は家族だけで看取《みと》ること」

「世間には、荼毘《だび》に付したあと、知らせること」

「騒ぎになったときには、長男の健太郎ひとりで対応すること」

などがあったそうです。

いかにも家族思いの渥美さんらしい「遺言」だったと思います。渥美さんは、自分が死んだら、どれほどの騒ぎになるか想像がついていました。だから、それにいかに対処すべきかを「遺言」として残すことで、騒ぎから、ご家族を守ろうとしたのです。

奥さまの正子さんの話では、亡くなる直前も「そばにあるテーブルを手で押さえて、ぶるぶる震えながら」そういう話をしていたということです。よほど痛くて苦しかったのでしょう。でも、同時にそれは、生きているうちに、どうしても伝えなければならないことでもあったのでしょう。

ご家族はその意を汲《く》み、「遺言」を忠実に守ったわけですが、そこから想像できるのは、渥美さんの死は、国民的大スターと呼ばれた人にしては、およそ似つかわしくないひっそりとしたものだったということです。そして、渥美さんは「渥美清」としてではなく、本名の「田所康雄」としての死を望んでいたということです。

質素で人に迷惑をかけることを嫌った、渥美さんらしい最期だったと言えるのかもしれません。

●渥美さんが葬儀に参列した唯一の人

「死の公表は荼毘に付してから」と言い残したのは、渥美さんの、ある美学を物語るものだと思います。

渥美さんは、もともと、どんなに親しい人が亡くなっても、通夜にも葬儀にも顔を出さない人でした。

水臭いわけでも、薄情なわけでもありません。とくに芸能人や有名人の葬儀の場合、葬儀そのものが大掛かりになるし、たくさんのテレビレポーターも押しかけます。渥美さんは、そのような場に顔を出すことを嫌ったし、わざわざ、顔を出さなくとも、弔《とむら》いは十分にできると考えていたからでした。

だから、渥美さんは、親しい人が亡くなると、葬儀が行なわれるのと同じ時刻に、自分の家の仏壇にお線香をあげて、冥福《めいふく》を祈るようにしていました。

でも、その渥美さんが、亡くなる前年、寅さんを撮り続けた高羽カメラマンの葬儀には出たのです。

高羽さんは、寅さんを第一作から撮り続けた人で、渥美さんとは、それ以前から付き合いがあったといいます。気心の知れた仕事仲間というだけでなく、苦楽を共にしてきた「戦友」のような人でもありました。

ましてや、高羽さんは、渥美さんと同じ肝臓ガンで苦しんでいました。高羽さんが体調を崩したり、それを家族が心配したりするのを見て、身につまされるような思いも味わったはずです。

だから、高羽さんを心配して奥さまが撮影所に来ると、親身になって相談に乗ったり、奥さまを励ましたりしていました。

私も、あるとき、渥美さんが電話で、こう高羽さんの奥さまを元気づけているのを聞いたことがあります。

「奥さんは、高羽さんを愛しているんでしょ。それなら大丈夫です。愛していれば、そんな病気治りますよ」

ただ、その一方、電話が切れると、まるでひとりごとのように、こんなふうにも言うのです。

「奥さんは高羽さんを愛しているんだねぇ。愛でガンが治るならいいけど、そうはいかないんだ……。ガンはどんどん進むんだ」

渥美さんは、あのとき、高羽さんの運命を、自分の運命と重ね合わせてでもいたのでしょうか。

渥美さんにとって、高羽さんは、さまざまな意味で特別の人でした。だから、信念を変えてでも、葬儀に出ようという気になったのでしょう。

●死に顔は見られたくない

高羽さんが亡くなったのは、一九九五年一〇月のことです。ちょうど最後の寅さんのロケの合間で、渥美さんが東京に戻って撮影を続けているときでした。

「亡くなった」と聞いたとき、渥美さんはほとんど表情を変えませんでした。むしろ、表情を失ったようだった、というのが正確かもしれません。そしてひと言「そう、亡くなったの」と言っただけでした。

あんなに表情のない渥美さんは見たことがありません。ふだんは表情の豊かな人でしたから、その様子を見ているだけで、渥美さんのショックの大きさがわかるような気がしました。

翌日、渥美さんは葬儀に出席して、その後再び、撮影所に戻ってきました。

そして、控え室で私と二人だけになると、ポツリポツリと葬儀の様子を話し始めたのです。

「なあ、シノ、オレはいままでいろんな役者と付き合ってきたけど、どんなに親しくなっても、葬式に行ったことはないんだよ。いつも家でお線香上げて、両手を合わせるだけなんだ」

「そうですってね」

「でもな、今度の葬儀に行ってな、見てると、いろんな人がお棺《かん》のなかを覗《のぞ》くんだよ。

そのとき、ふっと思ったね。オレが死んだら、やっぱりみんなに、こうやって見られるのかいってね。いやだねぇ。本当にいやだ。オレはどれだけよく知っている人にでも、そんな顔は見られたくない」

この言葉は「家族だけで看取れ」と言い残した渥美さんの「遺言」と重なります。

渥美さんが亡くなった後、一番最初に連絡を受けたのは山田監督でした。でも、監督が駆けつけたとき、渥美さんはすでにお骨《こつ》になっていました。山田監督でさえ、渥美さんの死に顔は見ていません。渥美さんは、見事に、生前考えたとおり、自らの死にざまを全うし、死に対する自らの美学を貫いたのです。

ではなぜ、渥美さんは、それほどまでに「人に死に顔を見られない」ことにこだわったのでしょうか。

役者は夢を売るのが仕事です。

そう言うと、いまの若い人には「古い」と一笑に付されてしまいそうですが、私は、時代がどんなに変わっても、その基本は変わらないと信じています。

舞台の上でも映画でも、夢を売ることができなくなった役者は、もう役者ではありません。役者の誇りとはそういうものではないでしょうか。

渥美さんも同じ考えだったと思います。というより、渥美さんはそれを、強い信念として持ち続けた人でした。

渥美さんが、なぜ、代官山の部屋を必要としたのか、あるいは、晩年、寅さんを撮るために、渥美さんが戦い続けたものが何だったのかを思い起こせば、それは理解していただけると思います。

渥美さんは、きっと、その役者としての信念に殉《じゅん》じたかったのでしょう。夢を売り続けた人間として、夢のなかだけで生き続けることを望んだのでしょう。

田所康雄としての、ひそやかな死。

そして「他人に死に顔は見られたくない」という渥美さんの思い。

それだけで、渥美さんの一徹な生きざまを物語っているような気がします。

●渥美さんが聞かせてくれた、ある青年の「愛と死」

渥美さんはまた、死を「純粋なもの」、「清らかなもの」として、とらえた人でもありました。

あるとき、渥美さんが、ひと組の若い男女の話をしてくれたことがあります。

男性は十代後半で白血病患者。女性のほうは、彼より少し年上で、看護婦さんだったそうです。

患者と看護婦さんというのは、よくある男女の組み合わせですが、その二人も、彼の入院中、あれこれ世話を焼いたり話し合ったりしているうちに、やがておたがいに好意を持つようになりました。

彼女はサーフィンが得意で、入院中の彼に、元気になって退院したら、必ず海につれていって、サーフィンを教えると約束したそうです。

すると、彼のほうにがんばろうとする気力がわいたのか、急に症状が改善して、一時的に退院を許されるようになりました。

そして、彼女は、約束どおり、彼を海に連れ出しました。

このときの様子を、渥美さんが情感たっぷりに話します。寅さんにも、よく似たような場面がありましたが、渥美さんは天才的と思えるほど、こういう話の上手な人でした。

「二人は、日がスーッと落ちかかる頃まで海にいて、それから上がってきて、沈む夕日を見ながら語り合ったんだよ。若い二人のことだからね、そこで初めてキスをしたんだ」

「渥美さん、見たようなことを言いますね」

「バカッ、オレはそう聞いたんだよ。お前は、人の話を真面目《まじめ》に聞かないのかい？」

そうした渥美さんとのやりとりも、いまとなっては懐かしい思い出です。

でも、白血病というのは、簡単に治るような病気ではありませんから、しばらくすると、彼の症状は悪化して、また、病院に戻ることになりました。それは突然のことだったそうです。

しかもタイミングが悪いことに、そのとき彼女は公休日で病院にいません。友達が八方手をつくして探しても、見つからなかったそうです。

さらに悪いことに、彼の容態は深刻になるばかりで、ついに主治医が、もう手の施《ほどこ》しようがないと宣告するまでになりました。

でも、相変わらず彼女は見つかりません。

「彼は若いからね。ああいう病気は、若いと進行が早いんだ。結局、一日と持たずに、彼は亡くなってしまったんだ。

顔がふっと笑ったように見えたとき、鼻からスーッとひとすじ血が流れてね、そのまま帰らぬ人になったんだよ。彼女が駆けつけたときには、もう彼は死んだあとでね、死に目には会えずじまい。彼女はその時のショックで、看護婦さんやめて、田舎《いなか》に帰ってしまったという話だ。若いのにねえ、かわいそうだねえ……」

●切なくて、美しい死

寅さんのロケで、鹿児島県の加計呂麻島《かけろま》へ行ったときには、太平洋を見ながら、かつてこの海に散っていった、特攻隊の若者たちの話を聞いたことがあります。

「昔、若い青年たちが『お父さん、お母さん、許してください、お国のために死んでいきます』と言って、小さなトンボみたいな飛行機で、相手の軍艦にぶつかっていったんだ。その青年たちのことを考えると、切ないねぇ。なかには、恋人のいる青年もいたはずだよ。でも、お国のためだからね。ただ恋人の名前をトンボのなかで呼ぶだけで、死んでいくしかなかったんだ」

渥美さんにとって、死は、残酷であっても醜《みにく》いものではなく、なによりも「切ない」ものでした。

白血病の若者も、特攻隊の青年も、思い半《なか》ばにして、突然、人生を断ち切られています。

未練もあっただろうし、憤《いきどお》りもあったでしょう。

でも、そうした人間くさい感情は、死という運命の前には無力なんです。

運命は、人間の感情なんて顧《かえり》みません。

渥美さんが、死を「切ないもの」と感じたのは、その無力感に思い至ったからでしょう。

渥美さんは、ときどき「オレは裸になれた」と話すことがありました。結局、若い人も年老いた人も、あるいは幸せな人も不幸な人も、死ぬときは、生まれたときと同じ裸なんです。

どれほど多くの人に看取られようと、どれほど葬儀が盛大に行なわれようと、人は裸で死んでいくものだという事実は変わりません。

渥美さんは、そこに、自分たちがいま生きている俗社会にはない、無垢《むく》なものを見たのではないでしょうか。

「裸になれた」というのは、自分が、そのように無垢ではかない人間として、人生を終える覚悟ができたということではなかったかと思います。

白血病の若者の話をしたとき、私と渥美さんで、それでは、自分たちはどのような死を望んでいるのかという話になりました。

そこで、渥美さんは、こう言ったものです。

「オレかい？　オレはね、ひとり静かに、誰もいない山道をとぼとぼと歩いていくんだよ。そうすると、枯葉がね、チャバチャバと手品師の花びらのように落ちてくるんだよ。それでオレはね、ひとり静かに歩いていって、パッタリと倒れるんだ。そうするとね、枯葉がどんどん落ちてきて、オレはやがて枯葉に包まれて、かくれんぼしてるみたいに見えなくなってしまう。そうやってオレは、どこの誰だかわからないように死んでいくんだよ」

ほとんど飾り気のない、まるで日本の民話にでも出てきそうな、寂寥《せきりよう》感の漂う世界です。

でも、その情景を頭に思い描き、渥美さんの望んでいた死を想像すると、ひとつの答えらしきものが見えてきます。

渥美さんは、どんなに淋しくてみすぼらしくても、きれいに死ぬことを望んでいたのではないでしょうか。

渥美さんが残した「遺言」には、随所に、渥美さんの、その思いがちりばめられているような気がします。

●孤独を生きた、ある俳人への思い

晩年の渥美さんが、尾崎放哉《おざきほうさい》に憧れ、演じてみたいと望んでいたのも、その思いと無縁ではなかったように思います。

尾崎放哉は、自由律の俳人で「大正《たいしょう》の一茶《いっさ》」とも呼ばれる人です。もともと東大出のエリートサラリーマンでしたが、世俗とうまく折り合えず、ついに、仕事も家庭も捨てて、流浪《るろう》の旅を続けながら、俳句を詠《よ》み続けました。

せきをしてもひとり

つくづく淋しい我が影よ動かして見る

という有名な句があるように、生涯を孤独のなかに生き、四一歳という若さで亡くなっています。

その放哉の終焉《しゅうえん》の地として知られるのが、香川県の小豆島《しょうど》です。

寅さんのロケでそこを訪れたときは、仕事が終わると、すぐに渥美さんに「ハイヤーを呼んでくれ」と言われました。

私が「どこへ行くんですか?」と聞くと、

「ホテルの人に、尾崎放哉の墓はどこにあるのか聞いてくれ。聞いたら、ハイヤーの運転手さんにそこへ行くように言ってくれ」

私は、当時、尾崎放哉がどういう人か知らなかったのですが、一緒に来るようにと言われたので、とりあえずついていきました。

墓は、長い坂道の上にありました。

元気な私でもきついと感じたほどですから、渥美さんには、もっときつく感じられたでしょう。

でも、渥美さんは、黙々と坂道を登っていくのです。

坂を登り、墓に着くと、ふだんは、どこへ行ってもさっと手を合わせるだけなのに、ここでは、ずいぶん長い間合掌して、何事か祈り続けていました。

それが終わると、「お前、尾崎放哉、知ってるだろ?」と聞かれました。

私が「どこの歌手ですか?」と言ったら、今度は本気で「バカァ!」と、叱られてしまいました。

知らぬこととはいえ、あのときは、失礼なことを言ったものです。

でも、それから渥美さんは、熱のこもった口調で放哉について説明してくれました。

あまり詳しく覚えてはいませんが「彼はひとり淋しく亡くなっていった」という言葉が、なぜか印象深く残っています。

東大出の、元エリートサラリーマンが、流浪の果てにたどり着いた土地で、ほとんど看取る人もなく死んでいったわけです。常識的には「なんてバカな」と思うのが当然です。

でも、孤独を友として、好きな俳句づくりに明け暮れた日々は、放哉にとっては、きっと幸せな日々だったはずです。また、そのような生活の果てに迎えた死も、幸せではなかったとしても、きれいな死だったと言えるのではないでしょうか。

放哉には、自分の好きなことに対する一途さにも、淋しがり屋のくせに孤独を愛したという点にも、渥美さんと共通したものを感じます。初めは「どこの歌手ですか?」と言ってしまった私ですが、いまなら、その放哉を、渥美さんが演じたがっていた気持ちもよくわかるように思います。

帰りの坂道で、渥美さんは、さすがに足が疲れたのか、雪駄を脱いで、足袋《たび》のまま歩き始めました。

私が心配して「渥美さん、ケガでもしたら困ります」と言っても、「いや、いいんだ」と、そのまま歩き続けるのです。

それほど、あのときは、放哉について、渥美さんの思いが膨《ふく》らんでいたのでしょう。

もちろん、放哉の死についても、渥美さんは思いを馳《は》せたはずです。きれいで、ひそやかな死を望む気持ちは、ますます強いものとなったのではないでしょうか。

●幸福な最期

若い頃、肺結核で倒れ、三年間の療養生活を強いられてから、渥美さんは「オレは一度死んだ人間だ」と思うようになったといいます。

「オレはもう長くない」という口癖も、あながち冗談ばかりではなかったでしょう。実際、渥美さんは、よく「オレは、普通の仕事してたら死んでたよ。役者だからここまで生きられたんだ」と話すこともありました。

生きているというよりも、むしろ生かされているという感覚……こういう感覚が、渥美さんの死生観の根底にあったのは間違いないと思います。

でも、だからといって、死後、いくつかの報道にあったように、渥美さんが、死について達観していたとは思いません。

最後の寅さんの頃、渥美さんは、心細そうな声で、私に、

「シノ、お前、死ぬの、怖くないかい？」

と、聞くことがありました。

自分の恐怖心を紛らわすために、そばにいた私に同意を求めているという感じでした。

とくに最後の寅さんの頃、私は何度か同じ質問を受けていますし、「人間はなぜ死ぬのだろう？」とか「死ぬのは怖いよな？」と、聞かれることもありました。

渥美さんも、生身の人間です。死の予感に苛《さいな》まれた多くの人たちと同じように、やはり死を恐れ戦《おのの》きながら生きていたのです。

そもそも、死について達観できる人などいない、人はみな、そうやって死んでいくのだということを、私は渥美さんに教わったような気がします。

それでも、私は、渥美さんは、渥美さんらしい死を全うしたと思っています。

渥美さんが、突然、ご家族に「呼吸が苦しい」と訴えたのは、亡くなる一週間ほど前のことでした。

すぐに入院して手術を受けましたが、もう手の施しようがなかったといいます。

このときから、亡くなるまでの痛みと苦しみには、想像を絶するものがあったでしょう。

にもかかわらず、渥美さんは、モルヒネも、その他の痛み止めも、一切拒否して、耐え続けたといいます。

それが運命なら、潔《いさぎよ》く引き受けようという渥美さんの覚悟を示すものだと思います。

凄絶な、渥美さんの美学だったともいえるでしょう。

ベッドの上で、襲いかかる痛みと戦いながら、悶々《もんもん》と苦しむ渥美さんの姿は、渥美さんが望んだ「きれいな死」とは、およそかけ離れたものだったかもしれません。

でも、そうやって死んでいった渥美さんに、私は、渥美さんが思い描いた死にざま以上の「美しさ」を感じてしまうのです。

負けるとわかっている戦いに、あえて挑んでいく、戦士の心情のようなものを感じるからでしょうか。いや、それ以上に、その死にざまが、ガンコで一徹な渥美さんらしい最期だったと思えるからです。

渥美さんは、ときどき、

「最期は、好きな人の名前を呼んで、好きな人に看取られて死にたい」

と、言うことがありました。

渥美さんが、実際に、そうしたかどうかはわかりません。

ただ、伝え聞くところによれば、モルヒネも打たず、悶々と苦しむ渥美さんを、最後の最後まで、体をさすって、痛みを和《やわ》らげようとしたのは、奥さまの正子さんだったそうです。

「落ち葉に埋もれて死んでゆく」ほどきれいではなかったかもしれませんが、幸せな最期だったと思います。

ひとり静かに去っていった……（一九九〇年七月撮影。死去の六年前）

未完の夢

――あとがきにかえて

●幻の台本

渥美さんが亡くなってから、ときどき、晩年の渥美さんは寅さんでしか見ることができなかった、もっと他の作品にも出たいという気持ちはなかったのだろうかと、聞かれることがあります。

渥美さんは、骨の髄まで役者だった人です。前に書いた尾崎放哉の話でもわかるように、渥美さんには、たくさんの「未完の夢」がありました。

種田山頭火《たねださんとうか》もやりたかったそうです。山頭火も、放哉と同じく、世俗と折り合えず、流浪し、俳句づくりに没頭しながら生涯を不遇のままに終えた人です。

酔うてこほろぎと寝てゐたよ

など、数多くの有名な句がありますが、孤独、流浪、不遇といった点で、放哉に通じます。渥美さんも、撮影が終わると、まるで寅さんのように、ふらっと旅に出たりする人でした。彼らのような生き方に、ある種の憧れがあったのでしょう。それに、人間としての核になる部分で、自分ととてもよく似たものを見出していたのだとも思います。

渥美さんの放哉と山頭火、ぜひ見てみたかったと思います。

ほかにも、渥美さんがやりたいと思っていた作品はありました。

いまとなっては、もう形見のようなものですが、一〇年ほど前に、渥美さんから、何冊かの台本をいただいたことがあります。

「シノ、いいものをあげるよ」

と言うから、何かと思ったら台本で、どれも本にはなっているけれど、まだ映画にはなっていないということでした。

「これはな、どれもいい本なんだよ。オレが元気ならば、やってみたいと思った本ばかりだ。でも、病気になっちゃったからね。オレにはもうできないだろ。だから、お前にあげるよ。お前も、これ読んで勉強しな」

そのときは、たしか、そのようなことを言っていたと記憶しています。

なかには、そのときよりさらに一〇年も前のものもありましたが、実際に読むと、どれも本当に面白いんです。

しかも、どの作品にも、時代を超えて通じるテーマがあります。

私はあらためて、渥美さんの「抽斗《ひきだし》」の多さと、役者としての懐の広さを思い知らされたような気がしたものです。

渥美さんの「未完の夢」がどのようなものだったのか、その手がかりを知るという意味で、ここにその一部を紹介することにしましょう。

『愛と光の歌』（仮題）

渥美さんから私が台本をもらう一〇年も前に、羽仁進《はにすすむ》さんが書いたもので、突然光を失った人間と、盲導犬の感動物語です。まだ、盲導犬がいまのように普及していない頃、盲導犬を通して、人間と動物の心温まる交流を描こうとしたのは、渥美さんの先見の明を物語ると思います。

『モンブランの星』(仮題)

ガンを患《わずら》ったある医師が、病気に負けないという決意を示すため、モンブランに登ろうとする話です。これは実話で、何年か前に、NHKでドキュメンタリーとして取り上げられたことがあります。

『燃える王朝　やさしい国』(仮題)

日本と韓国の架け橋になろうとした実在の女性の物語です。これも一〇年前よりは、むしろいまの時代にピッタリのテーマと言えるのではないでしょうか。

『渥美清子の青春』

女性とも男性ともつかないランナーが、オリンピック目指してがんばるという話です。ちょっとホロリとするコメディーで、いかにも渥美さんの好みに合いそうなストーリーです。

ほかに、三島由紀夫《みしまゆきお》さんと平将門《たいらのまさかど》を主人公にした怪談のような本もありました。

どれも、私にとっては宝物です。

ここには、渥美さんの、たくさんの夢がつまっています。でも「病気になったから」といって、あきらめざるをえなかった。その渥美さんの心境を思うと、涙が出そうになります。

●渥美さんが会いたがっていた人たち

「会いたい」、「一緒に仕事がしてみたい」という人たちもいました。渡哲也《わたりてつや》さん、小林稔侍《こばやしねんじ》さん、それに明石家《あかしや》さんまさん……。渡さんは、どこかでイメージが石原裕次郎《いしはらゆうじろう》さんとダブるところがあったようで、一時、私がいただいた台本のなかの『モンブランの星』を、渡さん主演で撮りたいと考えたこともあったようです。

小林さんは、あの独特のセリフの言い回しと、発声方法に興味を引かれたようです。「高倉健《たかくらけん》にタイプが似ている」とも話していました。

さんまさんは、この二人とは別で、大竹《おおたけ》しのぶさんと結婚した人ということで、興味を持ったようです。大竹さんは、第二〇作の『寅次郎頑張れ！』にゲスト出演していますから、渥美さんもよく知っていて、ふだんから「しのぶちゃん、しのぶちゃん」とかわいがっていました。

テレビでさんまさんが、速射砲のようにポンポンしゃべるのを見て、「しのぶちゃんは、ああ見えても気の強い子だから。大丈夫かね、続くかね」と、心配していましたが、結局、心配したとおりになってしまいました。

でも、それ以来、さんまさんのことは「あの人は回転が速そうだ。一度会ってみたいね」と話すようになりました。

気にかけていたという点では『東京乾電池』の柄本明《えもとあきら》さんと笹野高史《ささのたかし》さん、それに片岡鶴太郎《かたおかつるたろう》さんです。

『東京乾電池』の二人は、寅さんで共演したこともありますが、なにしろ、公演が始まれば必ず見に行くというくらい、あの人たちの芝居は好きでした。

「ああいう役者は、だんだん減っていくんだよな、あの人たちは貴重だよ」と、芝居の帰り道で、渥美さんが言うのを聞いたことがありますから、同じ役者として、それだけ高く、彼らの力量を評価していたということでしょう。

鶴太郎さんの場合は、もともと、渥美さんに憧れて役者になったという経緯があります。

それをどこかで聞きつけた渥美さんが、鶴太郎さんと会う機会を持ち、以来、すっかり意気投合したということです。

渥美さんは、よく自分の腕をポンポンと叩《たた》いては「鶴太郎はいい役者になるよ、これがあるもの」と言っていました。つまり、役者として腕があるということです。

鶴太郎さんも、渥美さんを慕って何かと相談に乗ってもらっていたようで、自分がテレビドラマで金田一耕助をやることになったときは、以前、映画でその役をやったことがある渥美さんに、体験談を聞きに来たりしていました。

●未完の夢

最後の寅さんを撮っている頃のことですが、たまたま、渥美さんとの間で、鶴太郎さんが話題になったことがあります。

最近、鶴太郎さんから電話をもらったけれど、留守で話ができなかった、というようなことでしたが、その話の最中に、渥美さんが、突然、そばにあったコートを持ち出して、私に「これ、オレが袖《そで》通しちゃったやつだけど、鶴ちゃんにあげてくれないかな」と言うんです。

『Ｋａｐｐａ』（カッパ）というスポーツ用品メーカーが、寅さんとのタイアップで作ったフード付きの黒いスポーツコートでした。渥美さんは、それを五着もらったのですが、みんな人にあげてしまい、最後に、自分用にとっておいた一枚を鶴太郎さんにあげてほしいと言うのです。

いまにして思えば、それは、鶴太郎さんへの「形見」のようなものでした。

ガンに蝕《むしば》まれ、死期を強く意識するなかで、渥美さんは、かわいい弟分のような鶴太郎さんに、何かを残さなければという気になったのではないでしょうか。

ただ、その後、鶴太郎さんとはなかなかうまく連絡が取れず、実際に渡したのは、渥美さんが亡くなってからしばらく後のことになってしまいました。

でも、私が事情を説明してコートを渡すと、鶴太郎さんは神妙な顔になり「喜んで頂戴します」と言ってくれました。

たかだか、一度袖を通したコート一枚でしたが、私はそれだけで、渥美さんが亡くなる直前まで、鶴太郎さんを気にかけていたことは、十分にわかってもらえると思いました。

その後、鶴太郎さんは、渥美さんの肖像画を二枚描き、その絵に、自分は渥美さんに憧れて役者になったという書も残しています。やはり、渥美さんの思いは、鶴太郎さんに伝わっていたのです。

それにしても、ここに名前をあげた役者さんたちと、もし、渥美さんが組むことがあったとしたら、どんな世界が出来上がったのでしょうか。それもまた「未完の夢」です。死は、人の肉体だけでなく、可能性まで奪い去るものだと、あらためて思います。

渥美さんも、その点だけは、無念だったのではないでしょうか。渥美さんの七回忌の頃、奥さまの正子さんとお会いしたときに、こんな話をした記憶があります。

「お父さん、いま頃、むこうで何してるのかしら？」

「そうですね。むこうの世界が見られたらいいんですけど、そういうわけにもいきませんし……」

「今年も、たくさんの俳優さんとか、芸人さんが亡くなりましたでしょ。お父さんの友達も、何人かむこうへ行ってしまいましたものね。いま頃、そういう人たちを集めて、映画でも撮ってるんじゃないかしら」

「きっと、そうかもしれませんね。あの甲高い声出して『バカだね、お前は』

なんて、ケタケタ笑いながら、カメラの前に立っているかもしれません。

「本当にね、どんな映画かしらね、見たいわね」

むこうの世界には、カメラマンの高羽さんや、「御前様《ごぜん》」の笠智衆《りゅうちしゅう》さんや、ほかにもたくさんの仲間たちがいます。正子さんが言うように、渥美さんは「未完の夢」を、その仲間たちと一緒に、天国で追い続けているのかもしれません。

そう考えて、その情景を想像したら、重かった心が、少しだけ軽くなったような気がしました。

本書は、2003年3月、小社から単行本で刊行された『渥美清 晩節、その愛と死』を改題し、文庫化したものです。

本文写真／産経新聞社

祥伝社黄金文庫

最後《さいご》の付《つ》き人《びと》が見《み》た　渥美清《あつみきよし》　最後《さいご》の日々《ひび》
——「寅《とら》さん」一四年間《ねんかん》の真実《しんじつ》

令和元年12月20日　初版第1刷発行

著　者　篠原靖治《しのはらせいじ》
発行者　辻　浩明
発行所　祥伝社《しょうでんしゃ》
〒101－8701
東京都千代田区神田神保町3－3
電話　03（3265）2084（編集部）
電話　03（3265）2081（販売部）
電話　03（3265）3622（業務部）
www.shodensha.co.jp
印刷所　萩原印刷
製本所　積信堂

造本には十分注意しておりますが、万一、落丁・乱丁などの不良品がありましたら、「業務部」あてにお送り下さい。送料小社負担にてお取り替えいたします。ただし、古書店で購入されたものについてはお取り替え出来ません。

Printed in Japan

ISBN978-4-396-31775-1 C0174